Heinrich Kalbfuss

Zwischen Zweifel und Wagnis

Glauben in dieser Zeit

Inhaltsverzeichnis

BERECHTIGTE ZWEIFEL?

Ja, ich zweifle oft und halte das für selbstverständlich, weil überaus menschlich, meist auch notwendig. Das gilt für manche meiner eigenen Ansichten und Überzeugungen, besonders aber gegenüber den ‚Meinungsbildnern' in Presse, Rundfunk, Fernsehen und Internet. Da werden uns ‚Fakten' berichtet und meist auch gleich mit noch so versteckten ‚Beurteilungen' versehen. Treffen sie tatsächlich zu? – Sind sie nicht wie alle menschlichen ‚Urteile' fehlbar? - Da wird von ‚Terroristen' berichtet, die andere als ‚Rebellen' oder ‚Freiheitskämpfer' bezeichnen. Was für die Einen ‚Aggression' ist, rechtfertigen andere mit ‚präventiver Verteidigung', und das bedeutet ja in Wahrheit ‚präventiver Angriff'. Muss ein Staat bei Finanzkrisen sparen, durch Steuersenkungen die Konjunktur anregen oder beides zugleich tun? – Ist ‚gelenkte Demokratie' wie etwa in Russland oder China für eine Übergangsperiode vertretbar oder lediglich ‚kaschierte Diktatur'? – Ist die Europäische Union noch weiterhin lebensfähig als Bündnis souveräner Staaten, oder zwingt die bedrohliche Wirtschaftskrise nicht zu mehr zentraler Kontrolle? Welches ist die ‚wahre' Religion: Judentum, Christentum oder der Islam? Buddhismus und Konfuzianismus kommen ohne Gott oder Götter aus, haben Millionen Gläubige und können sich auch auf überzeugende Kulturleistungen berufen. Verdienen sie nicht Respekt? – Wurde Tibet eigentlich ‚besetzt' oder ‚befreit'? - Brauchen wir vielleicht Religion, weil wir offenbar mit der Etablierung einer säkularen, humanitären Weltordnung immer wieder scheitern? - Wir alle zweifeln, solange wir keine Gewissheit haben, die ein verlässliches Urteil zulässt. Skepsis gehört zum Staatsbürger, damit wir nicht platter Propaganda und Wunschdenken anheimfallen.

Das griechische Wort ‚sképtesthai' bedeutet schauen, spähen, betrachten, kritisches Abwägen zum Zweck der Wahrheitsfindung. Wissenschaft ist ohne Zweifel an ihren eigenen Erkenntnissen nicht möglich, denn sonst blieben lediglich Hypothesen oder persönliche Überzeugungen. André Gide meinte: „Glaube denen, die die Wahrheit suchen, und zweifle an denen, die sie gefunden haben". Erst durch den Zweifel erfahren wir von der Begrenztheit unseres vermeintlichen Wissens. Jahrhundertelang galt die Erde als Mittelpunkt des Kosmos, der Himmel als Wohnstatt der Götter, das Atom als das ‚Unteilbare‘, der Mensch als „Krone der Schöpfung". Inzwischen wissen wir, dass wir mehr als 95% unserer Gene mit den höchst entwickelten Tieren gemeinsam haben und ‚Menschenaffen‘ unsere nächsten Verwandten sind. Das Gebaren mancher Zeitgenossen erinnert gelegentlich daran.

Dennoch ist kaum zu bestreiten: Wir unterscheiden uns prinzipiell von der Tierwelt, besonders dadurch, dass wir uns und unser Handeln kritisch reflektieren können. Nur Menschen ist es möglich, eine Moral zu entwickeln, sich künstlerisch zu entfalten, wissenschaftlich zu denken und zu arbeiten, und gerade das war schon frühen Hochkulturen bewusst, wie auch die heute noch üblichen griechischen Bezeichnungen beweisen. Psychologie steht für die Wissenschaft von der Psyche, Gynäkologie für Frauenheilkunde, Archäologie für „Altertümerkunde", Paläontologie für die Wissenschaft von Lebewesen vergangener Erdzeitalter, Soziologie für Gesellschaftswissenschaft, Biologie für die Wissenschaft vom Lebendigen schlechthin, Ophtalmologie für Augenheilkunde - die Beispiele ließen sich mühelos vermehren. Die Endsilben dieser Begriffe beziehen sich stets auf das griechische Wort ‚logos‘, das verschiedene Bedeutungen hat, neben anderen etwa ‚Wort‘ oder ‚Sinn‘, in den eben genannten Beispielen jedoch die von ‚Wissenschaft‘.

Das Johannisevangelium beginnt mit dem griechischen Satz: „ἐν ἀρχῇ ἦν ὁ Λόγος καὶ ὁ Λόγος ἦν πρὸς τὸν Θεὸν καὶ Θεὸς ἦν ὁ Λόγος", in der bekannten Übersetzung: „Im Anfang war das Wort, und das Wort war bei Gott, und Gott war das Wort". Hier liegt auch die Wurzel des Begriffs ‚Theologie‘, also in wörtlicher und missverständlicher Übersetzung die „Lehre von Gott" oder besser: von den ‚Worten' Gottes.

Doch gibt es denn wirklich so etwas wie ‚Lehre' oder gar ‚Wissenschaft' von Gott, der doch alles menschliche Wissen und Begreifen übersteigt? – Zunächst aber gehören zur Theologie Fächer, die durchaus wissenschaftlichen Kriterien entsprechen wie etwa Kirchengeschichte, Dogmatik, Exegese. Überdies gibt es ‚Theologie' natürlich nicht nur im Christentum, sondern auch im Judentum und im Islam. Schließlich beschäftigt sich die Religionswissenschaft mit jeder Form religiösen Glaubens, seinen Erscheinungsformen und seinen Motiven. Doch was ist, wenn sich christliche Theologie als eine Wissenschaft gebärdet, die angeblich über Gott, sein Wesen in dreierlei Gestalt, seine Schöpfung und seine ‚Gesetze' mit Anspruch auf Verbindlichkeit Auskunft zu geben vermeint?

Als Student der katholischen Theologie in Bonn und später bei den Dominikanern in Walberberg bei Köln, an der ‚Albertus-Magnus-Akademie', habe ich mich gründlich mit dem Respekt gebietenden Denkgebäude der Scholastik zu befassen versucht, besonders mit der „Summa theologiae", geschrieben von dem Mönch Thomas von Aquin. Er gilt als maßgebender Denker der Scholastik. 1879 wurde seine Philosophie von Papst Leo XIII. zur „offiziellen Philosophie" der katholischen Kirche erklärt. Das Lehramt der Kirche hat seither immer wieder die einzigartige Autorität des Aquinaten unterstrichen, so zuletzt auch das II. Vatikanische Konzil, das als erstes Konzil Thomas ausdrücklich nennt und seine Lehre empfiehlt. Hat der heiliggesprochene ‚Kirchenlehrer' tatsächlich Gott über die Schulter geschaut? - Sein gelehrtes philosophisch-theologisches Werk ist bewundernswert. Nächtelang beschäftigten mich seine fünf akribischen ‚Gottesbeweise', mit denen Thomas jeden denkenden Menschen zur Anerkennung von Gottes Existenz zu überzeugen unternahm. Das gelang ihm bei mir nicht. Während der Lektüre hatte ich das Gefühl, einem imponierenden Gedankengebäude von geistvoll-frommer Architektur zu begegnen, doch es ließ mich unbefriedigt. Ist ein Glaube an Gott denn wirklich zwingend? Kann er rational hinreichend begründet werden? - Ist Gott nicht doch lediglich unser in den Himmel projiziertes höchst menschliches Vaterbild? – Auf alle Zweifel antwortet die Kirche mit dem Hinweis auf ihre ‚Orthodoxie‘, also die verbindliche ‚rechte Lehre‘, überdies auf das ‚Geheimnis des Glaubens‘. Nun ist Glaube nicht objektives Wissen, sondern persönliche Überzeugung. Das griechische Wort ‚doxa‘, Teil des Begriffs ‚Orthodoxie‘, bedeutet Meinung, Ansicht, Vorstellung, aber auch Schein und Wahn.

Alle drei monotheistischen Religionen beziehen sich auf Offenbarung in ‚Heiligen Büchern‘, die Juden auf die Torah neben dem Talmud, die Christen besonders auf die Evangelien, die Muslime auf den Koran und die Hadithen als Anleitung für die religiöse Praxis. Die ‚Hl. Texte‘ gelten als unmittelbare Offenbarungen Gottes, eine nicht unproblematische Behauptung, die Theologen durch die Jahrhunderte bis heute beschäftigt. Was ist mit der biblischen Schöpfungsgeschichte, der Entstehung der Welt in nur sechs Tagen? ‚Evangelikale‘ glauben fest daran. In manchen amerikanischen Bundestaaten ist das noch heute verpflichtende Lehre im Schulunterricht. Von dem jüdischen Theologen Pinkas Lapide hörte ich den für mich trostreichen Satz: „Man kann die Bibel wörtlich nehmen, oder man kann sie ernst nehmen“. War Maria auch nach der Geburt Jesu noch Jungfrau? – Wie sind die ‚Wunder‘ Jesu zu verstehen, die seltsame Brotvermehrung, seine Heilung von Aussätzigen, Gelähmten und Blinden, die Auferweckung von Toten und so manches andere? – Das II.Vatikanische Konzil hat sich dazu auf interessante Weise geäußert: „Da Gott in der Heiligen Schrift durch Menschen nach Menschenart gesprochen hat, muss der Schrifterklärer, um zu erfassen, was Gott uns mitteilen wollte, sorgfältig erforschen, was die heiligen Schriftsteller wirklich zu sagen beabsichtigten und was Gott mit ihren Worten kundtun wollte. Denn die Wahrheit wird je anders dargelegt und ausgedrückt in Texten von in verschiedenem Sinn geschichtlicher, prophetischer oder dichterischer Art, oder in anderen Redegattungen. Weiterhin hat der Erklärer nach dem Sinn zu forschen, wie ihn aus einer gegebenen Situation heraus der Hagiograph den Bedingungen seiner Zeit und Kultur entsprechend - mit Hilfe der damals üblichen literarischen Gattungen - hat ausdrücken wollen und wirklich zum Ausdruck gebracht hat. Will man richtig verstehen, was der heilige Verfasser in seiner Schrift aussagen wollte, so muss man schließlich genau auf die vorgegebenen umweltbedingten Denk-, Sprach- und Erzählformen achten, die zur Zeit des Verfassers herrschten, wie auf die Formen, die damals im menschlichen Alltagsverkehr üblich waren."

Ich habe diesen etwas umständlichen, aber offiziellen Text der katholischen Kirche mit einer gewissen Erleichterung gelesen. Die Bibel offenbart das ‚Wort Gottes' in recht menschlicher Fassung, „durch Menschen nach Menschenart", sonst würden wir es ja auch nicht verstehen. Hinter der Niederschrift verbirgt sich ein Sinn, den es zu entdecken gilt. Die Berichte der Evangelien in der uns überlieferten Form sind erst Jahrzehnte nach dem Tod Jesu aufgeschrieben worden. Sie beruhen auf mündlichen Erzählungen, gewiss auch auf einer subjektiven Auswahl dessen, was die Autoren für bedeutsam und berichtenswert hielten. Sie wollten überdies ihre Leser von der außergewöhnlichen Gestalt Jesu als ‚Christus' überzeugen, sie wollten missionieren. Ist es aber nicht merkwürdig, dass sie nur knapp von der Kindheit Jesu und dann von seinen zwei oder drei letzten Lebensjahren berichten, von den Jahren seines Wirkens dazwischen aber nichts zu erfahren ist? Es gibt kein einziges schriftliches Zeugnis von der Hand Jesu, der gewiss lesen und schreiben konnte und als gläubiger Jude mit den Texten des sog. Alten Testaments intim vertraut war. Wieso hat er seine Biographie Menschen anvertraut, die ihn gar nicht persönlich kannten, sondern auf mündliche Überlieferungen angewiesen waren? – Ich stelle mir vor, Jesus liest zuweilen in dem Buch, das wir ‚Neues Testament' nennen, also in seiner eigenen Biographie. Darf man sicher sein, dass er mit dem Inhalt ganz zufrieden wäre? – Vielleicht würde er sich lächelnd seiner ‚Wunder‘ erinnern, von denen dort erzählt wird, die ihm aber gar nicht so wichtig sind. Lächeln könnte er nach meiner Vorstellung auch über die jahrhundertelangen Bemühungen hochgelehrter theologischer Köpfe, diese Wunder zu interpretieren. Aber ist es nicht überhaupt eine seltsame, ja geradezu groteske Idee, dass Jesus oder Gott lesen? – Kennen sie nicht ohnehin jeden Text, noch bevor er im Kopf eines Autors Gestalt annimmt? – Von Juden und Muslimen sind gelegentlich Zweifel zu hören, ob wir Christen wirklich ‚Monotheisten‘ seien, denn wir glaubten ja an die ‚Dreieinigkeit‘ von Vater, Sohn und Hl. Geist.

Doch über die Inhalte unseres Glaubens bestimmt – wenigstens nach dem I. Vatikanischen Konzil von 1870 – allein der Papst, und zwar mit ‚Unfehlbarkeit‘. Aber kann denn überhaupt irgendein sterblicher Mensch auf dieser Erde ‚unfehlbar‘ sein? – Die Konzilsväter berufen sich auf Matthäus (16,18-19). Jesus sagt da: „Du bist Petrus, und auf diesen Felsen werde ich meine Kirche bauen, Dir werde ich die Schlüssel des Himmelreichs geben“. Aber hat dieser einfache Fischer aus Galiläa damals tatsächlich alle Ratschlüsse und Intentionen Gottes begriffen? - Nun darf man als mündiger Christ wohl fragen, ob sich die Unfehlbarkeit und Unanfechtbarkeit päpstlicher Lehrentscheidungen tatsächlich auf diese bescheidenen Worte gründen lässt. Im Text des I. Vatikanums von 1870 heißt es: „Der Papst übt als Nachfolger Petri, Stellvertreter Christi und oberstes Haupt der Kirche die volle ordentliche, unmittelbare bischöfliche Gewalt über die Gesamtkirche und über die einzelnen Bistümer aus. Diese erstreckt sich sowohl auf Sachen des Glaubens und der Sitten als auch auf die Disziplin und Kirchenleitung“.

Schon als Student hatte ich damit Schwierigkeiten. Im griechischen Text bei Matthäus ist natürlich nicht von ‚Kirche‘, sondern von ‚ekklesia‘ die Rede. Das aber bedeutet zunächst lediglich ‚Versammlung‘ oder ‚Gemeinschaft‘, im Kontext also die damals kleinen Gemeinden der ersten Christen. Mithin: Könnte es in diesem Bibeltext nicht um etwas viel Bescheideneres gegangen sein, nämlich Worte der Ermutigung und des Vertrauens, dass Petrus mit Gottes Beistand die Menschen dieser Gemeinden auf den rechten Weg des Glaubens führen werde?

Und wie steht es überhaupt mit den drei letzten Dogmen? – 1854 verkündete Papst Pius IX. das Dogma von der ‚Unbefleckten Empfängnis': „Die Lehre, dass die seligste Jungfrau Maria im ersten Augenblick ihrer Empfängnis durch einzigartiges Gnadengeschenk und Vorrecht des allmächtigen Gottes, im Hinblick auf die Verdienste Christi Jesu, des Erlösers des Menschengeschlechts, von jedem Fehl der Erbsünde rein bewahrt blieb, ist von Gott geoffenbart und deshalb von allen Gläubigen fest und standhaft zu glauben." 1870 folgte das Dogma von der Unfehlbarkeit des ‚Stellvertreters Christi', also des Papstes, in Glaubensfragen. 1950 erklärte Papst Pius XII. die leibliche Himmelfahrt Mariens zum Dogma: „Wir verkünden, erklären und definieren es als ein von Gott geoffenbartes Dogma, dass die unbefleckte, allzeit jungfräuliche Gottesmutter Maria nach Ablauf ihres irdischen Lebens mit Leib und Seele in die himmlische Herrlichkeit aufgenommen wurde."

Als gläubiger Christenmensch erlaube ich mir, an diesen Dogmen zu zweifeln. Wenn ich überzeugt bin, dass Jesus, also der Jude Jeschua, der sich selbst nie Christus nannte, Gottes Sohn ist und ganz Mensch wurde, wieso nicht auf natürliche Weise wie wir alle? – Sollte Maria ihn, ihr Kind, etwa nicht wie jede Mutter mit Schmerzen zur Welt gebracht haben? – Ist sie dann wirklich Mutter, wenn sie ‚jungfräulich' blieb? - Im Neuen Testament lesen wir bei Markus 8,27 über Jesus: „Unterwegs fragte er die Jünger: Für wen halten mich die Menschen? Sie sagten zu ihm: Einige für Johannes den Täufer, andere für Elija, wieder andere für sonst einen von den Propheten. Da fragte er sie: Ihr aber, für wen haltet ihr mich?" Darauf habe Simon Petrus als Erster geantwortet: „Du bist der Christus! Doch er (Jesus) verbot ihnen, mit jemand über ihn zu sprechen".

Gottes Sohn? Und doch gleichzeitig Menschensohn? - Wie befremdend, dass ein natürlicher Vorgang wie die Empfängnis als ‚Befleckung', als Makel diffamiert wird! – Hat nicht Gott selbst uns Menschen so ausgestattet? - Noch einmal ist zweifelnd zu fragen: Gibt es tatsächlich eine ‚übernatürliche' Fortpflanzung? – Jesus selbst spricht von sich schlicht als ‚Menschensohn'. So bei Lukas (12,8-10): „Ich sage euch: Jeder, der mich vor den Menschen bekennt, den wird auch der Menschensohn vor den Engeln Gottes bekennen". Neben vielen weiteren Stellen der Evangelien noch diese bei Matthäus (24,30), als Jesus von seiner Wiederkunft spricht: „Dann wird das Zeichen des Menschensohns am Himmel erscheinen. Und alle Völker der Erde werden wehklagen. Sie werden den Menschensohn auf den Wolken des Himmels kommen sehen und mit großer Macht und Herrlichkeit". Gewiss sind auch solche ‚Zitate' nur mündlich überliefert und erst Jahrzehnte nach Jesu Tod aufgezeichnet. Nach Lukas hat Maria ihr Kind vom Hl. Geist empfangen – doch konnte nicht Joseph, ihr Mann und Lebensgefährte, ein ‚Werkzeug', also ‚Mittler' des Hl. Geistes und damit Jesu leiblicher Vater sein? Bei Johannes (1,45) erkennt jemand Jesus als „Sohn Josephs aus Nazareth", an anderer Stelle ist die Rede von den „Eltern" Jesu. Gab es denn zwischen dem heiligen und orientalischen Paar etwa keine Sexualität? Was bedeutet ‚Jungfräulichkeit' für den Glauben? – Gar nichts, könnte man denken, im Gegenteil: Der allmächtige Gott begibt sich mitten hinein in seine Schöpfung und wird auf natürliche Weise ganz Mensch! Besteht nicht darin das zutiefst unfassbare Weihnachtswunder?

Die Lateransynode 649 unter Papst Martin I. erklärte den Glauben an die immerwährende Jungfräulichkeit Marias und ihre ‚unbefleckte' Empfängnis (immaculata conceptio) für heilsnotwendig: „Wer nicht mit den Heiligen Vätern im eigentlichen und wahren Sinne die heilige und immer jungfräuliche und unbefleckte Maria als Gottesgebärerin bekennt, da sie […] das göttliche Wort selbst, das vom Vater vor aller Zeit gezeugte, in den letzten Zeiten, ohne Samen, vom Heiligen Geist empfangen und unversehrt geboren hat, indem unverletzt blieb ihre Jungfrauschaft auch nach der Geburt, der sei ausgeschlossen." Nach heutigem Sprachgebrauch heißt das, ein solcher Mensch wäre ‚exkommuniziert', ausgeschlossen aus der Gemeinde der Gläubigen. Die ‚Theologie' bezieht sich auf die Verheißung des Propheten Jesaja, Kapitel 7,14. Dort heißt es, auch noch in der heutigen ‚ökumenischen' Übersetzung: „Seht, die Jungfrau wird ein Kind empfangen, sie wird einen Sohn gebären . . ." Das aber ist ein Übersetzungsfehler, denn Jesaja spricht von einer ‚alma', was hebräisch ‚junge Frau' heißt, nicht aber von einer ‚betula', also einer Jungfrau.

Der Irrtum findet sich schon bei Luther. Als Augustinermönch lernte er außer Latein und Griechisch auch etwas Hebräisch, doch aus heutiger Sicht hätte er bei der schwierigen Übersetzung dringend eines Muttersprachlers fürs Hebräische bedurft.

Luther äußerte mehrfach seine Hochschätzung der hebräischen Sprache. Besonders deutlich kommt dies in seinen Tischgesprächen zum Ausdruck: „Die ebräische Sprache ist die allerbeste und reichste in Worten, und rein, bettelt nicht, hat ihre eigene Farbe. Wenn ich jünger wäre, so wollte ich diese Sprache lernen, denn ohne sie kann man die hl. Schrift nimmermehr recht verstehen. Denn das neue Testament, obs wol griechisch geschrieben ist, doch ist es voll von Ebraismis und ebräischer Art zu reden. Darum haben sie recht gesagt: Die Ebräer trinken aus der Bornquelle; die Griechen aber aus den Wässerlin, die aus der Quelle fließen; die Lateinischen aber aus der Pfützen." In einem Brief Luthers aus dem Jahr 1528 ist zu lesen: „Wir mühen uns jetzt ab, die Propheten zu verdeutschen. Was ist das doch für ein großes, beschwerliches Werk, die hebräischen Erzähler zu zwingen, Deutsch zu reden. Wie sträuben sie sich, da sie ihre hebräische Ausdrucksweise nicht verlassen, und sich dem groben Deutsch nicht anpassen wollen, gleich als ob man eine Nachtigall zwänge, ihren melodischen Gesang aufzugeben und den Kuckuck nachzuahmen".

So steht es ja grundsätzlich mit jeder Übertragung in eine andere Sprache, und Voltaire meinte: „Jeder, der ein Meisterwerk der Weltliteratur in der Übersetzung liest, und sei sie auch die beste, gleicht dem, der ein Rendezvous mit einem schönen Mädchen hat, aber am Abend mit ihrer hässlichen Schwester ausgeht".

Es lohnt, über den Begriff „übersetzen" nachzudenken. Kommt er nicht eigentlich aus der Schiffersprache, nämlich mit einem Boot ans andere Ufer ‚überzusetzen'? Gilt das nicht auch für alles, was ich sage oder schreibe? Muss ich nicht stets sorgfältig darauf achten, dass meine Worte vom Rednerufer verständlich am Hörerufer ankommen?

Das trifft auch heute noch für jede wissenschaftliche Bibelexegese zu, denn auch das ‚Neue Testament' ist voller Hebraismen, wie Luther zu Recht erkannte. Jesus sprach weder griechisch noch lateinisch, sondern hebräisch-aramäisch. Als gläubiger Jude bezog er sich immer wieder auf die Torah (Gebot, Weisung, Belehrung), die wir das ‚Alte Testament' nennen. Und hier sollte unsere kritische Anfrage schon beginnen. Ein ‚Testament' beinhaltet den letzten Willen eines Menschen, eine Verfügung, die nach seinem Tod gültig sein soll. Könnte Gott etwa damit sein eigenes Ableben gemeint haben? – Eine absurde Idee! Nicht nur die Evangelien verkünden eine ‚frohe Botschaft', sondern auch die Torah vertraut voller Zuversicht auf die Güte, ja die Liebe und das Verständnis des Schöpfers. Ist es nicht bezeichnend, dass sich die ‚Propheten' in bewundernswerter Sprache mit allem Möglichen beschäftigten, nur nicht mit ‚Prophezeiungen', also dem Vorhersagen der Zukunft? Das hebräische Wort für Prophet, ‚Nawi', meint keinen Hellseher oder Wahrsager, sondern einen Hüter des Gotteswortes, einen Verkünder der göttlichen Intentionen ebenso wie einen ‚Protestierer' gegen Ungerechtigkeit, Machtgier, Ausbeutung und Zweifel. Die poetische

Bildersprache dieser ‚Künder', wie sie Martin Buber nennt, beginnt zuweilen mit einer aufpeitschenden Drohbotschaft, klingt aber regelmäßig mit einer tröstlichen Frohbotschaft aus, einer Mahnung zur Umkehr und zum Vertrauen auf Gottes Gnade.

Wer sich mit den mannigfachen Missverständnissen und Fehlern der Bibelübertragung beschäftigen möchte, dem seien die Bücher der beiden herausragenden jüdischen Theologen Pinkas und Ruth Lapide empfohlen. Bei ihnen ist nachzulesen – falls man es nicht ohnehin weiß -, was in den Evangelien an hebräischen Begriffen und Namen vorkommt und was sie bedeuten: Sabbath, Passah, Rabbi, Mammon, Hosannah, Hallelujah, Amen. Wird etwa im Himmel hebräisch gesprochen? In der Apostelgeschichte (Apg 26,14) erzählt Paulus, wie er auf dem Weg nach Damaskus eine Stimme hörte, die auf hebräisch zu ihm sagte: „Saul, Saul, warum verfolgst du mich? – Ich antwortete: Wer bist du, Herr? – Der Herr sagte: Ich bin Jesus, den du verfolgst!" Der Evangelist Matthäus (27,46) berichtet von den letzten Worten Jesu am Kreuz: „Eli, Eli, lama asabtani?" So beginnt Psalm 22 im hebräisch abgefassten Psalter, zu deutsch: "Mein Gott, mein Gott, warum hast Du mich verlassen?" Im 4. Jahrhundert v. Chr. setzte sich aber das Aramäische, die internationale Verkehrssprache im Assyrerreich, durch, und verbreitete sich im gesamten Nahen Osten. Jesus sprach aramäisch, so auch seine letzten Worte, wie uns Markus (15,34) überliefert: „Eloi, eloi lema sabachthani?" Das kann als Hinweis darauf dienen, dass Jesus diesen Satz tatsächlich am Kreuz gesprochen hat. Ein späterer Autor hätte, wenn er Jesus diesen Ausspruch in den Mund hätte legen wollen, mit Sicherheit den hebräischen Wortlaut des AT zitiert.

Bei Pinkas Lapide ist zu lesen, dass das Vokabular der hebräischen Bibel nur 7706 Wörter umfasst. Die meisten davon besitzen eine vielschichtige Bedeutung, die ihr jeweiliges Verständnis nicht leicht macht. Jeder kennt das fünfte Gebot (Ex 20,13) „Du sollst nicht töten". Es war ein gängiges Argument der Wehrdienstverweigerer und ist es von Gegnern der Todesstrafe. Im Mosestext steht aber das hebräische Wort ‚razach‘, und das bedeutet nicht töten, sondern morden, also jemanden aus niedrigen Beweggründen umbringen. Nahezu jeder kennt das hebräische Wort ‚Schalom‘ und versteht dabei ‚Frieden‘. Doch es ist ein umfassender Begriff, der vielerlei bedeutet: Natürlich Frieden, aber auch Freude, Freiheit, Versöhnung, Gemeinschaft, Harmonie, Gerechtigkeit, Wahrheit, Kommunikation, Menschlichkeit. Das alte, wunderbare ‚Schalom‘ umfasst alles, was heute im Nahen Osten zwischen Israeliten und Palästinensern so schmerzlich fehlt, doch es droht, zur gedankenlosen Grußfloskel zu verkommen.

Nun muss man gewiss nicht Hebräisch lernen, um die Bibel zu verstehen. Es gibt Übersetzungen in alle Sprachen der Erde, wenn auch nicht immer glückliche. Die Juden lesen im sog. ‚Alten Testament‘ Originaltexte, die den schicksalhaften ‚Bund‘ (hebr. ‚berit‘) zwischen Gott und seinem Volk schildern. Diese hebräische Bibel hat eine tausendjährige Geschichte. Das sog. Neue Testament beschreibt im Wesentlichen nur die Geschichte und das Wirken Jesu. Die Texte entstanden Jahrzehnte nach seinem Tod und wurden erst im Lauf von vierhundert Jahren in der uns vertrauten Form zusammengefasst. Die Bibel Jesu aber war ausschließlich die Torah, auf die er sich immer wieder bezieht.

Bleiben wir zunächst beim Zweifel. War Jesus der ‚Messias‘, der ‚Gesalbte‘, also der ‚Christos‘, wie es in der griechischen Übersetzung heißt? Wir wissen es nicht und niemand weiß es. Ist Jesus der ‚Sohn‘ Gottes? Keiner kann es beweisen. Wir helfen uns mit geläufigen Sprachbildern, lassen uns als ‚Kinder Gottes‘ und im Gottesdienst als „Brüder und Schwestern“ bezeichnen. Überzeugung bietet allein die tief innere Gewissheit, die man Glaube nennt.

Doch auch im Glauben sind wir nicht vor Irrtümern geschützt, nicht einmal die Päpste. Kann denn ein Mensch. also selbst der Papst, wirklich „unfehlbar“ sein? Freilich, die ‚Infallibilität‘ soll nur in

Glaubensfragen und bei Verkündigungen ‚ex cathedra‘ gelten – doch wie oft und wie verhängnisvoll haben sich Päpste in unheilige Irrtümer verstrickt? – Papst Urban II. rief 1095 mit den überlieferten Worten ‚Deus lo vult!‘ – ‚So will es Gott!‘ - zum ersten Kreuzzug auf. Gewiss war das kein Dogma, aber es begründet Zweifel an päpstlicher Weisheit im Geist des Evangeliums.

Was war das Motiv dieser ersten kriegerischen Ausbreitung des Christentums? Christen sollten in einem „heiligen Krieg" das „heilige Land" aus den Händen der ‚Heiden', also der Muslime, befreien, heißt es. Ein gottloses Volk habe das Mutterland des Christentums in seine Hände gebracht. Wer nun gegen die Feinde des Herrn die Waffen ergreife, dem erlasse die Kirche alle Sünden, und wer in bußfertiger Gesinnung falle, dürfe auf das ewige Leben hoffen. Die Folge war allerdings zunächst eine massive Judenverfolgung in Ostfrankreich und im Rheinland, die sich vordergründig gegen die „Mörder Christi" richtete, in Wirklichkeit aber gegen die erfolgreichen und wohlhabenden jüdischen Geldverleiher, von denen sich die frommen christlichen Schuldner nun aufs Grausamste befreiten. Der erste Kreuzzug war ein machtpolitisches Instrument. Papst Urban ging es nicht in erster Linie um die unterdrückten Christen, sondern um eine Vereinigung mit der byzantinisch geführten Ostkirche, um die Etablierung der katholischen Kirche als Ordnungsmacht im zersplitterten Europa und damit um politischen Einfluss und wirtschaftlichen Gewinn.

Und grausam ging es dabei zu. Die Eroberung Jerusalems 1099 endete in einem Blutrausch der Kreuzritter, die alles niedermetzelten, was sich ihnen in den Weg stellte. Der bedeutende Chronist der Kreuzzüge, nämlich Wilhelm von Tyros, berichtet: „Der Herzog und seine Begleitung liefen mit gezogenem Schwert, mit beschützendem Helm und vorgehaltenem Schild in die Viertel und auf die Plätze, und wen immer sie auffinden konnten, den streckten sie mit der Schärfe des Schwertes nieder, ohne Rücksicht auf Alter und Stand. So groß war das Blutbad der überall Niedergemetzelten und der Haufen der abgeschlagenen Köpfe, dass kaum noch ein Weg frei und ein Durchgang möglich war als über die Leichen der Toten. Auf verschiedenen Wegen drangen sie vor, unsere Fürsten und ihr Gefolge richteten ein unsagbares Blutbad an und gelangten bis zur

Stadtmitte, dürstend nach dem Blut der Ungläubigen und entschlossen zu ihrer Niedermetzelung. Als sie hörten, dass das Volk im Tempel Zuflucht gesucht hatte, marschierten sie allesamt dorthin, drangen mit Mann und Pferd ein, köpften dort schonungslos, wen sie antrafen, und erfüllten alles mit Blut. Früh am nächsten Morgen erzwang sich eine Rotte der Kreuzfahrer Eintritt in die Moschee und erschlug die Muslime allesamt. Die Juden Jerusalems aber hatten sich geschlossen in ihre Hauptsynagoge geflüchtet. Das Gebäude wurde in Brand gesteckt, in seinem Inneren fanden sie alle den Feuertod".

Die Geschichte des Christentums ist auch eine Geschichte der Gewalt, die allerdings immer eine religiöse Rechtfertigung suchte und fand. Das gilt für die Kreuzzüge, die angeblich ‚heilige Inquisition', die Hexen- und Judenverfolgung, die sogenannten Glaubenskriege, die in erster Linie Kriege um Einfluss und Macht waren. Christliche Würdenträger kollaborierten bis in unsere Gegenwart nicht selten mit Diktaturen. In den beiden verheerenden Weltkriegen segneten Kirchen in Ost wie West die Vernichtungswaffen der Armeen, weit entfernt von der Friedensbotschaft Jesu.

Dennoch: Die Bedeutung von Gewaltfreiheit, Friedens- und Nächstenliebe lässt sich bis ins Alte Testament zurückverfolgen. Denken wir nur an die Visionen eines künftigen Friedensreiches beim Propheten Jesaja: Schwerter werden zu Pflugscharen, Lanzen zu Winzermessern (Jes. 2,4). Ab 1980 wurden diese Worte zum Symbol staatsunabhängiger Abrüstungsinitiativen sogar in der DDR, übernommen auch von Teilen der westdeutschen Friedensbewegung.

Die Botschaft Jesu fordert nicht nur Nächsten-, sondern sogar Feindesliebe. Viele Gläubige der frühen Kirche bis zur Konstantinischen Wende im 4. Jahrhundert folgten diesem Vorbild und fühlten sich zu einem gewaltfreien Leben verpflichtet. Ein eindrucksvolles Beispiel bietet der Märtyrer Justin aus dem 2.

Jahrhundert, der unter Kaiser Marc Aurel hingerichtet wurde. Er schrieb: „Wir, die wir Freude am Krieg hatten, daran einander umzubringen und an jeder anderen Art von Ungerechtigkeit, wir haben in allen Teilen der Welt unsere Waffen in Werkzeuge des Friedens umgewandelt. Wir pflegen Frömmigkeit, Gerechtigkeit, brüderliche Liebe, Glauben und Hoffnung, die wir vom Vater durch den gekreuzigten Erlöser empfangen". Das galt für die damals freilich nur marginale Schar der überzeugten Christen.

Anders nach der Wende unter Konstantin. Durch sie wurde das Christentum Staatsreligion des römischen Reiches. Das Ideal der Gewaltfreiheit verlor an Bedeutung, Militärdienst und Kriegsdienst wurden zur Christenpflicht.

Der Theologe Prof. Palaver verweist auf Franz von Assisi, der sich mitten in der Zeit der Kreuzzüge für den gewaltfreien Weg Jesu entschied. Sowohl die ketzerischen Katharer als auch die Mauren wollte er ohne Waffengewalt bekehren. „Als er 1219 das Kreuzfahrerheer nach Ägypten begleitete, konnte er es wagen, mitten durch die Kämpfenden zum Sultan vorzudringen und ihm von der Liebe des Erlösers zu erzählen. Er wies damit der Mission des Kreuzes einen neuen Weg: Statt mit Waffen zu besiegen, sollte man sie durch Liebe überzeugen". Auch für die Laien, die Mitglieder seines Dritten Ordens, bestimmte Franziskus, dass sie „keine tödliche Waffe gegen irgendjemanden ergreifen oder bei sich tragen" durften.

Ein wichtiges Beispiel für die Tradition des christlichen Pazifismus bilden auch die im 16. und 17. Jahrhundert entstandenen protestantischen Friedenskirchen, zu denen heute u.a. die Mennoniten und die Quäker zählen. Diese christlichen Friedensbewegungen verweigerten sich der konstantinischen Verschmelzung von Kirche und Staat und konnten dadurch auch die biblische Gewaltfreiheit aufs Neue ins Bewusstsein heben. Unter Berufung auf das Evangelium lehnten sie mit jeder staatlichen Gewalt auch den Kriegsdienst grundsätzlich ab. Um 1660 richteten die Quäker an den englischen König Karl II. eine Deklaration, in der es u.a. heißt: „Wir wissen und bezeugen der Welt, dass der Geist Christi, der zu aller Wahrheit führt, uns niemals veranlassen wird, gegen irgendeinen Menschen mit äußeren Waffen zu kämpfen, weder für das Königreich Christi noch für die Königreiche dieser Welt".

Das hinderte die großen Kirchen nicht daran, zuletzt in den beiden verheerenden Weltkriegen des 20. Jahrhunderts, die Vernichtungswaffen zu segnen, weder die katholische noch die protestantische oder orthodoxe. Schließlich hieß der Wahlspruch des preußischen Königshauses „Gott mit uns", und diese Worte standen auch auf den Koppelschlössern deutscher Soldaten.

Es geht um die problematische Lehre vom „gerechten Krieg", mit der sich schon Augustinus und Thomas von Aquin befassten. Jeder Ausbruch von zwischenstaatlicher Gewalt kann, darf, nein: soll wiederum mit Gewalt eingedämmt werden. Es ist gerechtfertigt, die eigene Freiheit gegen einen Angreifer zu verteidigen. Doch was ist mit der Verhältnismäßigkeit der Mittel? Wie steht es, wenn ein feindlicher Angriff nur vermutet wird – wäre dann ein präventiver Krieg gerechtfertigt? – Hitlers Angriff auf Polen, mitten im Frieden, war eine unbestreitbare Aggression, die gegen das Völkerrecht verstieß. Papst Pius XII. verurteilte im Dezember 1939 eindeutig diesen Überfall, aber in Deutschland riefen dennoch die Bischöfe zur Pflichterfüllung in der Wehrmacht auf. Der Angriff auf Russland wurde vom Vatikan niemals wirklich verurteilt. Viele deutsche Bischöfe stärkten den Kampfgeist der deutschen Truppe im Krieg gegen den „gottlosen Bolschewismus".

Heute sprechen die großen deutschen Kirchen, nicht zuletzt wegen der Fragwürdigkeit der Ideologie des „gerechten Krieges", von einem Konzept des „gerechten Friedens". Das entbehrt nicht einer gewissen Paradoxie. Dem Ideal des „gerechten Friedens" steht ja die Forderung nach „kollektiver Sicherheit" gegenüber. Der Gegner wird also dämonisiert wie etwa im Golfkrieg von 1991, aber auch im

Krieg gegen den Irak, in dem die Amerikaner irrtümlich Massenvernichtungsmittel vermuteten. Gegen Staaten, die zur „Achse des Bösen" gerechnet oder einfach als „Schurkenstaaten" bezeichnet werden, errichtet man im Namen eines „gerechten Friedens" Drohszenarien, die ihrerseits Ängste und damit Gegendrohungen hervorrufen. Entwicklungs- und Schwellenländer investieren zu Lasten ihrer notleidenden Bevölkerung Milliardenbeträge in die Aufrüstung. Allein die Industrieländer, also die Waffenproduzenten, profitieren davon. Die Ächtung von Giftgas, verheerenden Splitterbomben und Tretminen steht nur auf unverbindlichen Papieren, die Unterschrift der größten Hersteller dieser Waffen fehlt bis heute. Wo bleibt der Protest der Kirchen?

Zu der gegenwärtigen Gewalt der Frommen gehören auch die durch Pseudoargumente angeblich legitimierten moralistischen Kreuzzüge. Christliche Fundamentalisten richten ihre Aggressionen gegen alle, die ihre eingeengte und voraufklärerische Weltsicht nicht teilen. Noch heute wird in einigen der amerikanischen Bundesstaaten um die Anerkennung von Darwins Evolutionslehre gestritten, gestritten im Namen einer fundamentalistischen Interpretation des alttestamentarischen Schöpfungsberichts. Hier geht es um nicht weniger als eine Vergewaltigung des Intellekts. Dabei hatte die päpstliche Akademie 1996 die 150 Jahre zuvor von Darwin veröffentlichte Evolutionstheorie akzeptiert. Papst Johannes Paul II. schrieb, allein die Erschaffung der menschlichen Seele sei Gottes Werk, die Entstehung der Arten könne aber durch Mutation und Selektion erklärt werden. Naturwissenschaftlich mag das stimmen, Doch wie erklärt sich die unfassbare Fülle von millionenfach unterschiedlichen Lebensformen in der Tier- und Pflanzenwelt, die staunenswerte Anpassung an ihre Umwelt, ihre Überlebensstrategie durch Jahrtausende der Erdgeschichte? – Es ist nicht zu beweisen, scheint mir aber plausibel, hinter all dem eine schöpferische Instanz zu vermuten, ja einen allmächtigen Bastler mit unbändiger Freude an den unendlichen und wundervollen Hervorbringungen seiner

Phantasie. Der Wiener Kardinal Schönborn tat diese Überlegungen als „vage und unwichtig" ab, obwohl 2004 eine internationale theologische Konferenz unter Leitung des damaligen Kardinals Ratzinger befand, dass kein Konflikt zwischen darwinistischen Erkenntnissen und den Lehren der Kirche bestünde.

Nach dem Ersten Weltkrieg fand in Amerika der Schulterschluss mit konservativen christlichen Gruppierungen statt, um gemeinsam den Kampf gegen den Sittenverfall anzustrengen, gegen Prostitution, gegen Abtreibung und Alkoholismus, gegen die Auflösung der Familien. Dem kann man zunächst grundsätzlich zustimmen – allerdings mit Vorbehalt wegen der gewaltsamen Durchsetzung dieser Ziele. Doch nach dem Zweiten Weltkrieg kam ein militanter Antikommunismus hinzu. Man gründete eigene konservative Verlage, eröffnete private ‚bibeltreue' Rundfunkanstalten, und Senator McCarthy veranstaltete eine Hexenjagd auf säkulare ‚Andersdenkende'. Billy Graham wurde der populäre Prediger eines rigoros fundamentalistisch verstandenen Evangeliums, ja er wurde zum Berater und Freund mancher amerikanischer Präsidenten bis zu George W. Bush. Wenn der amerikanische Präsident nahezu jede seiner Reden mit dem Satz „God bless America" schließt, so können damit schwerlich die amerikanischen Kriege und ihre Opfer gemeint sein, nicht Guantanamo oder Abu Ghraib, nicht die verhängnisvollen Fehleinschätzungen der CIA, nicht die noch im Dezember 2007 ausdrücklich genehmigten Foltermethoden des Geheimdienstes mit Scheinhinrichtungen und sexueller Demütigung, auch nicht die Hunderte in den USA zum Tod Verurteilten, die nicht selten mehr als ein Jahrzehnt auf den Vollzug ihrer Strafe warten müssen und dann auch noch dilettantischen Vollstreckern ausgeliefert sind.

Ein knapper Blick auf den Vorwahlkampf um die amerikanische Präsidentschaft im Dezember 2007. An die beiden republikanischen Spitzenbewerber um das hohe Amt wurden Fragen nach ihrem Verständnis der Bibel gestellt. Der Ex-Gouverneur und erfolgreiche Geschäftsmann Mitt Romney ist Mormone, sein Rivale Mike

Huckabee war Baptistenprediger in Arkansas. Etwa die Hälfte der weltweit 13 Millionen Mormonen lebt in Amerika. Mormonen glauben an die Bibel und an Jesus Christus. Aber sie sind auch überzeugt, dass der christliche Glaube 1830 durch den ‚Propheten' Joseph Smith neu belebt wurde, nicht zuletzt durch die inzwischen allerdings aufgegebene Erlaubnis der Vielehe. Für Mormonen liegt der Garten Eden im amerikanischen Bundesstaat Missouri. Vielen Amerikanern, besonders den christlich konservativen, ist der Mormonenglaube etwas unheimlich, aber gerade Mormonen bestimmen entscheidend mit über die Auswahl der republikanischen Präsidentschaftskandidaten.

Mike Huckabee sprintete unterdessen durch die Staaten und erzählte immer wieder diese Geschichte: „Ronald Reagan kam 1980 nach Dallas. 15 000 Menschen warteten auf ihn. Reagan hielt die Bibel hoch und rief: ‚Alle komplexen und schrecklichen Fragen haben ihre Antwort in diesem Buch'". Huckabees Werbespots begannen so: „Mein Glaube beeinflusst mich nicht nur, er macht mich als Person aus". In den USA, deren Verfassung noch ohne das Wort „Gott" auskam, ist die Religiosität der Kandidaten immer wichtig gewesen, wichtiger als ihre politische Kompetenz. Präsident Reagan hat diese Wende mit eingeleitet. Weit mehr als seine Vorgänger vertraute er in Reden und Auftritten auf religiöse Symbole und Worte. Der Demokrat Bill Clinton kultivierte dagegen die Rolle des Sünders, ließ aber keinen Zweifel an seinem Glauben. Hillary Clinton, aber auch Barack Obama sprachen im Wahlkampf regelmäßig über ihre religiöse Überzeugung. George W. Bush gab als Präsident den Einfluss seines Glaubens auch auf verheerende Politikentscheidungen offen zu, wie etwa mit dem fragwürdigen Satz: „Gott befahl mir die Invasion in den Irak". Nichts behauptet sich so hartnäckig wie selbstgerechte Vorurteile.

Bedeutsam, aber für viele Christen gleichwohl fragwürdig, sind so manche Äußerungen kirchlicher Würdenträger in Deutschland zur Familienpolitik wie beispielsweise die von Bischof Mixa oder von Kardinal Meisner, bedenklich auch die offizielle Maßregelung kritischer katholischer Denker wie etwa Leonardo Boff, Ernesto Cardenal, Eugen Drewermann, Hans Küng oder Gotthold Hasenhüttl. Gibt es also nicht auch eine intellektuelle Gewalt der Frommen, die sich in autoritärer Verurteilung anderer, abweichender Denkweisen manifestiert?

Gewalt der Frommen lässt sich aus Geschichte und Gegenwart in ebenso überzeugender wie deprimierender Weise belegen. Und immer geht es gar nicht primär um religiösen Glauben, das muss wiederholt werden – es geht um Disziplinierung der Massen durch Orthodoxie, es geht um politische und wirtschaftliche Macht, und auf der anderen Seite um erbitterte Abwehr gegen Fremdes und Fremde zum Erhalt oder zur Wiedergewinnung der eigenen Identität. Das gilt gleichermaßen bis in die Gegenwart für Judentum, Christentum und den Islam. Orthodoxie und Gewalt zielen auf Entmündigung und erzeugen Unterwerfung aus Angst. Doch ist nicht gerade Angst das eigentliche Motiv von Orthodoxie und Gewalt? – Angst vor eigenständigem Denken, also In-Frage-Stellen und Zweifel, also letztlich Machtverlust?

ZÖLIBAT UND „EVANGELISCHE RÄTE"

Darf nicht auch ein gläubiger Christ zweifeln? – Etwa am Zölibat (von ‚cälebs', allein, ‚heil' lebend)? - In der lateinischen Kirche ist der Zölibat gemäß Canon 277, §1 des ‚Codex Iuris Canonici' für angehende Priester mit der Weihe zum Diakon kirchenrechtlich verpflichtend: „Die Kleriker sind gehalten, vollkommene und immerwährende Enthaltsamkeit um des Himmelreiches willen zu wahren; deshalb sind sie zum Zölibat verpflichtet, der eine besondere Gabe Gottes ist, durch welche die geistlichen Amtsträger leichter mit ungeteiltem Herzen Christus anhangen und sich freier dem Dienst an Gott und den Menschen widmen können." Zur Begründung des Zölibats werden Bibelstellen angeführt, so beispielsweise Matthäus (19,12): „Nicht alle können dieses Wort erfassen, sondern nur die, denen es gegeben ist. Denn es ist so: manche sind von Geburt an zur Ehe unfähig, manche sind von den Menschen dazu gemacht und manche haben sich selbst dazu gemacht – um des Himmelreiches willen." Bei Paulus kann man lesen (1.Kor 7,7): „Ich wünschte, alle Menschen wären [unverheiratet] wie ich [Paulus]. Doch jeder hat seine Gnadengabe von Gott, der eine so, der andere so." Und wenig später im selben Brief: „Was die Frage der Ehelosigkeit angeht, so habe ich kein Gebot vom Herrn. Ich gebe euch nur einen Rat als einer, den der Herr durch sein Erbarmen vertrauenswürdig gemacht hat. Ich meine, es ist gut wegen der bevorstehenden Not, ja, es ist gut für den Menschen, so zu sein." Später dann noch eine Behauptung, die auch gelegentlich heute als Argument für den Zölibat gebraucht wird: „Der Unverheiratete sorgt sich um die Sache des Herrn; er will dem Herrn gefallen. Der Verheiratete sorgt sich um die Dinge der Welt; er will seiner Frau gefallen. So ist er geteilt. Die unverheiratete Frau aber und die Jungfrau sorgen sich um die Sache des Herrn, um heilig zu sein an Leib und Geist. Die Verheiratete sorgt sich um die Dinge der Welt; sie will ihrem Mann gefallen. Das sage ich zu eurem Nutzen: nicht um euch eine Fessel anzulegen, vielmehr, damit ihr in rechter Weise und ungestört immer dem Herrn dienen könnt." (1.Korinther 7,32–35). Man mag das als persönliche Meinung gelten lassen, aber auch Paulus war bekannt, dass in der Ostkirche Diakone und Priester in Ehen lebten. So ist es auch heute noch. Im 1. Brief an Timotheus schreibt der Apostel (3,2): „Wer nach einem Vorsteheramt strebt, begehrt eine erhabene Wirksamkeit. Der Vorsteher muss untadelig sein, eines Weibes Mann, nüchtern, besonnen, ehrbar. . . Ebenso müssen die Diakone sein: ehrbar, nicht doppelzüngig, nicht dem Wein ergeben. Die Frauen müssen gleichfalls ehrbar sein, nicht verleumderisch, nüchtern und zuverlässig in allem. Diakone sollen eines Weibes Mann sein und ihren Kindern sowie dem eigenen Hauswesen gut vorstehen". Von einem verpflichtenden Zölibat ist keine Rede, auch nicht für Bischöfe, wie man nachlesen kann (1.Timotheus 3,2–4): „Deshalb soll der Bischof ein Mann ohne Tadel sein, nur einmal verheiratet, nüchtern, besonnen, von würdiger Haltung, gastfreundlich, fähig zu lehren; er sei kein Trinker und kein gewalttätiger Mensch, sondern rücksichtsvoll; er sei nicht streitsüchtig und nicht geldgierig. Er soll ein guter Familienvater sein und seine Kinder zu Gehorsam und allem Anstand erziehen."

Halten wir also fest: Paulus erteilt einen ‚evangelischen Rat', nicht mehr und nicht weniger. Erst im hohen Mittelalter vollzog sich in der Westkirche mit der Kirchenreform des 11. Jahrhunderts der Übergang vom ‚Enthaltsamkeitszölibat' zum verbindlichen ‚Ehelosigkeitszölibat' der Priester. 1022 ordnete Papst Benedikt VIII. an, dass Geistliche künftig nicht mehr heiraten dürften. Verstöße wurden mit Kirchenstrafen belegt, bereits verheirateten Priestern sollten Amt und Besitz entzogen werden.

Wir erfahren heute von hundertfachem sexuellem Missbrauch von Kindern und Jugendlichen durch katholische Kleriker in den USA, in Irland und auch in Deutschland. Erzbischof Zollitsch, Vorsitzender der Deutschen Bischofskonferenz, hat das als „abscheuliches Verbrechen" bezeichnet und die Opfer um Vergebung gebeten. Es wäre gewiss vermessen, die Ursache allein dem Zölibat zuzuschreiben, denn solche schweren Vergehen ereignen sich leider auch in Familien, an Schulen, in Internaten und Vereinen. Nein, es geht um etwas anderes. Hans Küng, emeritierter Professor für ökumenische Theologie an der Universität Tübingen, nennt das Zölibatsgesetz, „zusammen mit dem päpstlichen Absolutismus und forciertem Klerikalismus" einen „wesentlichen Pfeiler des römischen Systems. Der Pflichtzölibat ist Hauptgrund für den katastrophalen Priestermangel und vielerorts den Zusammenbruch der persönlichen Seelsorge". Ausführliches zum wunderbaren, aber bis heute auch gefährdeten Beruf des Priesters erfährt man auf den nahezu 900 Buchseiten des Theologen und Psychoanalytikers Eugen Drewermann: „Kleriker – Psychogramm eines Ideals".

In der Süddeutschen Zeitung vom 27.02.2010 schreibt Küng: „Aus Gründen absoluter Geheimhaltung zog die verschwiegene vatikanische Glaubenskongregation alle wichtigen Fälle von Sexualvergehen von Klerikern an sich, und so kamen die Fälle in den Jahren 1981 bis 2005 auf den Tisch ihres Präfekten Kardinal Ratzinger. Dieser sandte noch am 18. Mai 2001 ein feierliches Schreiben über die schweren Vergehen („Epistula de delictis gravioribus") an alle Bischöfe der Welt, in welchem die Missbrauchsfälle unter die ‚päpstliche Geheimhaltung' („secretum Pontificium") gestellt wurden, deren Verletzung unter Kirchenstrafe steht." Und mahnend fährt Küng fort: „Dürfte also die Kirche nicht auch vom Papst, in Kollegialität mit den Bischöfen, ein ‚mea culpa' erwarten? Und dies verbunden mit der Wiedergutmachung, dass das Zölibatsgesetz, das auf dem Zweiten Vatikanischen Konzil nicht diskutiert werden durfte, jetzt endlich frei und offen in der Kirche überprüft werden kann. Mit der gleichen Offenheit, mit der nun endlich die Missbrauchsfälle aufgearbeitet werden, müsste auch eine ihrer wesentlichen strukturellen Ursachen, das Zölibatsgesetz, diskutiert werden. Dies sollten die Bischöfe unerschrocken und mit Nachdruck Papst Benedikt XVI. vorschlagen".

In diesem Kontext ist von den „Evangelischen Räten" zu sprechen, also den Empfehlungen des Evangeliums von Armut, Keuschheit und Gehorsam, die so gar nicht in die heutige Zeit zu passen scheinen. Doch das liegt wohl allein an den Begriffen, nicht in ihrer Bedeutung.

Materielle Armut ist Elend, ist ‚Prekariat'; sie zu mindern oder gar zu verhindern gilt als Pflicht sowohl der Politik wie auch der Christen. Die evangelische Empfehlung meint vielmehr eine kritische Distanz zu Reichtum und Besitzstreben, eine Absage an den praktischen Materialismus, dem auch Christen verfallen können. Dieser Rat lädt ein zur Reflektion des eigenen Lebenssinns, der persönlichen Wertskala, des Strebens nach Gewinnmaximierung. Er erhält seine besondere Bedeutung durch die verhängnisvollen Auswirkungen des aktuellen Spätkapitalismus und Bankencrashs. Hat nicht gerade die Kirche und besonders der Vatikan ein Beispiel zu geben?

Was ist mit der Vatikanbank, ihren angeblich geheimen Konten, verschobene Millionen, toten Bankern, den unterstellten Verbindungen zur Mafia? –

Eigentlich heißt sie ‚Istituto per le Opere di Religione (IOR)', ‚Institut für die religiösen Werke', und ist eine Bank im Besitz des Heiligen Stuhles. Sie hat ihren Sitz im Turm Nikolaus V. hinter teils neun Meter dicken Mauern, in unmittelbarer Nähe zum Apostolischen Palast auf dem Gelände des Vatikans. Insgesamt betreuen mehr als 110 Mitarbeiter des Instituts knapp 21.000 Personen und Institutionen aus Afrika, Südamerika und vor allem Europa. Nach offiziellen Zahlen verwalten sie über 6,3 Milliarden Euro, das tatsächliche Kapitalvermögen des Vatikans ist unbekannt. Das mächtige Institut ohne Filialen ist ein Winzling. Selbst deutsche Kreissparkassen sind größer. Doch das IOR scheint im Gegensatz zu anderen Banken in aller Welt mysteriös.

Aus der internationalen Presse konnte man erfahren, dass der ehemalige Chef der Vatikanbank, Erzbischof Paul Casimir Marcinkus, eng mit Roberto Calvi vom ‚Banco Ambrosiano' zusammengearbeitet hatte, einem Manager der Mafia und Mitglied der berüchtigten Geheimloge P2. 1963 verlieh Papst Paul VI. Marcincus den Ehrentitel ‚Überzähliger Geheimkämmerer Seiner Heiligkeit'. Von 1971 bis 1989 war er Direktor der Vatikanbank. In diesen Zeitraum fällt der Zusammenbruch des ‚Banco Ambrosiano', der enge Geschäftsverbindungen mit der Vatikanbank unterhielt.

Es heißt: „Der Präsident der Ambrosianobank, Roberto Calvi, tauchte unter, aber am 18. Juni 1982 fand man ihn unter der Blackfriars Bridge in London hängend, die Taschen mit Ziegelsteinen gefüllt". Michele Sindona, enger Freund von Marcinkus und ebenfalls für Ambrosiano tätig, starb am 22. März 1986 im Gefängnis an einer Zyanidvergiftung. Während der Untersuchung der Unregelmäßigkeiten im Banco Ambrosiano fand man heraus, dass Calvi und seine Helfer mehr als 200 „Geisterbanken" gegründet hatten, Geldinstitute, die nur in seinen Büchern existierten, aber ein Labyrinth der Verwirrung schufen für die, die versuchten, zum Kern dieser Verschwörung vorzudringen. Eine andere Bank, Cisalpina auf den Bahamas, von Calvi und Erzbischof Marcinkus verwaltet, war anscheinend tief darin verstrickt, Kokaingelder aus Lateinamerika zu waschen".

Der zwischenzeitliche Chef der Bank, Ettore Gotti Tedeschi, der eigentlich gründlich aufräumen sollte, wurde wieder entlassen - offenbar auf Druck vatikanischer Würdenträger, denen sein Engagement zu weit ging. Der Europarat bescheinigte dem Institut anhaltende Defizite im Kampf gegen Geldwäsche. Einige seiner Anlageentscheidungen stießen später auf Kritik der Öffentlichkeit. Beispielsweise wurde kritisiert, dass einige, an denen das IOR Anteile besaß, an der Aufrüstung

Italiens oder an der Herstellung der Anti-Baby-Pille beteiligt gewesen seien.

Seit Mitte Februar 2013 steht ein neuer Chef an der Spitze der Bank, der deutsche Finanzexperte Ernst von Freyberg, den der zurückgetretene Papst Benedikt in einer seiner letzten Amtshandlungen eingesetzt hatte.

Der Kredit- und EC-Kartenverkehr des Vatikan war zwischen Januar und Mitte Februar 2013 eingestellt. Die Banca d'Italia, Italiens Zentralbank und oberstes Organ der Bankenaufsicht, untersagte der italienischen Tochter der Deutschen Bank, das Geld- und Kartengeschäft der Vatikanbank wie bislang abzuwickeln, da es Banken der EU untersagt sei, in Nicht-EU-Ländern ohne adäquate Geldwäsche-Überwachungsbehörden tätig zu sein. Sowohl Vatikanbürger wie auch Zehntausende von Besuchern konnten die vatikanischen Geldautomaten nicht mehr benutzen.

Offenbar ist der evangelische Rat der Armut spurlos an der Vatikanbank vorbei gegangen. Der vielgestaltige und oft diskutierte Reichtum der katholischen Kirche ist häufig genug kritisiert worden. Doch nach Überzeugung vieler gläubiger Christen ist nicht der Reichtum ein Skandal, sondern die hemmungslose und in vielen Fällen kaum verantwortbare Spekulation.

Knapp eine Milliarde Menschen leiden weltweit an Hunger und Unterernährung. An den Folgen sterben mehr Menschen als an HIV/AIDS, Malaria und Tuberkulose zusammen, jedes Jahr etwa 8,8 Millionen Menschen, was einem Todesfall alle drei Sekunden entspricht. Häufig sind Kinder betroffen, jedes vierte in Entwicklungsländern ist untergewichtig. Die Kirche versucht zu helfen, aber wie wirkungsvoller könnte die dringend notwendige Hilfe sein und wie Beispiel gebend wäre es, wenn vermehrt gerade vatikanische Mittel und Erträge für Notleidende entschiedener als bisher in aller Welt investiert würden? – Kann heute der evangelische

Rat der Armut anders verstanden werden als Verpflichtung, den eigenen Wohlstand mit Bedürftigen zu teilen? Ist es nicht nach allgemeinem Verständnis naheliegend, Reiche für soziale Zwecke mehr zu besteuern und die vielfältigen Steuerschlupflöcher zu schließen? Die Politik allein schafft es nicht, und das liegt nicht zuletzt an der Egozentrik der Bürger und ihrem praktischen Materialismus. Reichtum verpflichtet, zu sozialer Gerechtigkeit beizutragen. Eine überzeugende Mahnung und Mitwirkung des Vatikans ist bislang kaum zu erkennen.

Keuschheit, der zweite evangelische Rat, meint weder Prüderie noch Verpflichtung zu sexueller Enthaltsamkeit, obwohl konservative Kirchenkreise das so verstehen mögen. Und schon gar nicht ist das eine Verpflichtung zu zölibatärem Leben. Der Evangelist Matthäus äußert sich (Mat. 19,12) recht vorsichtig: „Es gibt Ehelose, die um des Himmelsreichs willen der Ehe entsagen. Wer es fassen kann, fasse es". Entscheidend ist also die Freiwilligkeit. Keuschheit schließt Sexualität nicht aus, wohl aber Sexismus und allein triebgesteuerte Promiskuität. Sexualität dient nicht nur zur Fortpflanzung, sondern – wie übrigens schon Thomas von Aquin erkannte - ist natürlich-intensiver Ausdruck und Bestätigung einer Paarbindung. Dass es sie in vielerlei Spielarten auch vor und außerhalb der Ehe gibt, liegt in der Natur des Menschen. Selbstbefriedigung ist ein „Plapperstadium der Liebe", häufig nur der Ersatz einer Liebesbeziehung, und entspricht einem ebenso körperlichen wie seelischen Bedürfnis vieler Menschen, zuweilen bis ins hohe Alter.

Darüber hinaus haben rund 5% aller Menschen, also jeder zwanzigste, eine homophile, gleichgeschlechtliche Orientierung. Die Bezeichnung ‚homosexuell' ist eigentlich eine pauschale Diffamierung gleichgeschlechtlicher Verbindungen, bei denen es überwiegend eben nicht ausschließlich um Sexualität geht. Es handelt sich um keine krankhafte Veranlagung und schon gar nicht um eine Perversion, sondern einfach um eine sexuelle Variante mit

Bevorzugung des eigenen Geschlechts. Nichts von all dem kann ernsthaft als „Sünde" beklagt werden. Sexualität gehört zur natürlichen Triebausstattung des Menschen. Verhütung wird von orthodoxen Instanzen oft als Egoismus oder Freibrief zu hemmungsloser Befriedigung missverstanden. Aber Geburtenregelung kann auch Ausdruck von persönlicher Verantwortung sein. Ein striktes Verdikt von Kondomen und Ovulationshemmern dagegen ist auch in Anbetracht der Ansteckungsgefahren besonders in der sog. ‚Dritten Welt' nicht zu rechtfertigen.

In den Evangelien lesen wir vom offenbar völlig entspannten Umgang Jesu mit Frauen. Dass der Jude Joschua, Gottes Sohn, aber auch ganzer Mensch, kein Verlangen nach menschlicher Liebe und Zärtlichkeit gehabt haben soll, ist in keiner Zeile der Überlieferung belegt. Die Evangelisten beschränkten sich auf Erzählungen aus der Kindheit Jesu, auf sein Wirken während der letzten zwei oder drei Lebensjahre und sein Ende. Menschwerdung bedeutet aber auch die Ausstattung mit allen menschlichen Bedürfnissen und Trieben, mithin auch mit Sexualität. Wir erfahren nichts davon. Hat Jesus nie darüber gesprochen oder haben uns die Autoren einfach nichts darüber berichtet? – Jedenfalls steht diese Enthaltsamkeit im Widerspruch zu den Erzählungen der Torah und der jüdischen Tradition der Rabbinen. Ist es nicht bemerkenswert, dass der Evangelist Johannes als erstes öffentliches Auftreten Jesu ausgerechnet eine Hochzeit erwähnt (Joh 2,1-11)? Er war dazu mit seiner Mutter und einigen Jüngern geladen. Als den zahlreichen Gästen der Wein ausgeht, bewirkt Jesus ein Wunder: Er lässt sechs steinerne Wasserkrüge mit Wasser füllen und verwandelt den Inhalt in köstlichen Wein. Ganz sicher hat Jesus auch davon genossen, mit dem Brautpaar geplaudert, gescherzt und gelacht. Johannes hält das offenbar für nicht berichtenswert. Doch immerhin: Auch die anderen Evangelisten schweigen darüber, was Jesus gern gegessen und getrunken hat, ob er gut schlief, ob und worüber er lachen konnte, ob eine Partnerin an seiner Seite war. Eindrucksvoll ist jedenfalls sein entspanntes Verhältnis zu denTöchtern Evas.

Woher aber kommt die jahrhundertealte, seltsam reservierte Haltung der offiziellen Kirche gegenüber Frauen, die noch heute spürbar ist? – Man findet sie nicht bei Jesus, wohl aber in den Briefen von Paulus. Er behauptet, dass der Mann „Gottes Ebenbild und Abglanz, die Frau der Abglanz des Mannes" sei (1.Kor 11,7), denn sie wurde „um des Mannes willen" erschaffen. „Frauen sollen in den Versammlungen schweigen. Ihnen ist das Reden nicht gestattet, sie sollen sich unterordnen" (1.Kor 14,34). Paulus kümmert sich auch um Schleier und Haartracht (1.Kor 11,13): „Ist es schicklich, dass eine Frau unverhüllt zu Gott betet? Lehrt euch nicht schon die Natur selbst, dass langes Haar eine Schmach ist für den Mann, für die Frau dagegen eine Zierde? Das lange Haar ist gewissermaßen als Schleier gegeben". Solche Ansichten kommen nicht aus dem jüdischen Mutterboden, aus dem das Christentum hervorging.

Nun gibt es im Katholizismus eine tiefe Marienverehrung. Doch wem gilt sie – der Gottesmutter oder der Jungfrau? Kann es wirklich beides geben? Bei den alten Griechen stiegen die Götter vom Himmel und paarten sich nach Belieben mit Frauen oder auch Schwänen. Ist es nicht eine wunderbare Vorstellung, dass Gott sich ein schlichtes menschliches Paar wählte, um in Gestalt seines Sohnes eine kurze Zeit auf der von ihm geschaffenen Erde zu weilen? Und könnte er nicht den in den Evangelien unterschätzten Joseph als Mittler ausgezeichnet haben? Jesus, der ‚Menschensohn' – wird nicht erst durch den von Gott selbst geschaffenen natürlichen Zeugungsvorgang das Wunder göttlicher Menschwerdung uns ganz nahe gebracht? – Marienverehrung gilt einer Frau, die zur Gottesmutter wird. Sind dadurch nicht eigentlich alle Frauen ausgezeichnet? – Bleibt das paulinische Frauenbild nicht weit hinter den Intentionen des ‚Herrn' zurück? Die offizielle Kirche fühlt sich besonders Paulus verpflichtet. Maria dürfte heute zweifellos Theologie studieren, könnte Messdienerin sein, aber würde keinesfalls zum Priesteramt zugelassen, die bischöfliche ‚Weihe' wäre ihr versagt. Sie, die Gottesgebärerin, dürfte die Wandlung von Brot und Wein in Fleisch und Blut ihres Sohnes nicht vollziehen. Was würde wohl Jesus dazu sagen?

Nein, der evangelische Rat der Keuschheit meint weder Prüderie noch Unterdrückung unserer Sexualität. Ist nicht die zentrale Botschaft Jesu Menschenliebe, die uns Irdischen angemessene und verpflichtende Folge wirklicher Gottesliebe? In unserer von Gott geschaffenen Natur liegt es, dass unsere Liebe mit Sinnlichkeit verbunden ist, mit dem Bedürfnis nach Nähe, Zärtlichkeit, Berührung, Umarmung. Nichts kann ‚unkeusch' sein, was Menschen in wahrhafter Liebe verbindet. Doch wir alle sind fehlbar. Wem Liebe versagt bleibt, versucht vielleicht, sie sich zu erkaufen. Das gilt als Sünde. Auch wer sich selbst verkauft, oft aus Not, handelt sündhaft. Doch sollten wir uns nicht an das Beispiel Jesu halten, dem Verstehen und Vergeben stets wichtiger war als Verurteilen? Im Haus eines Pharisäers trifft er eine Prostituierte, die sogleich seine müden Füße wäscht und salbt (Lk 7,36 ff.). Und Jesus sagt zu dem verständnislosen Gastgeber sinngemäß: Ihre vielen Sünden sind ihr vergeben, denn sie hat viel geliebt. . . Keuschheit schließt sinnliche Begegnung nicht aus, doch sie fordert liebevollen Respekt vor dem anderen.

Was ist nun mit dem Gehorsam als Christenpflicht? – Im Römerbrief (13, 1-7) schreibt Paulus: „Jedermann unterwerfe sich der obrigkeitlichen Gewalt. Die bestehenden Gewalten sind von Gott angeordnet". Das galt nun weder zur Zeit Jesu noch jemals in der Weltgeschichte, auch wenn es bis in die Gegenwart immer wieder behauptet wurde. Dieser Rat meint jedoch nicht blinde Unterwerfung unter eine nicht hinreichend ausgewiesene Autorität, wohl aber Anerkennung einer gemeinschaftlichen Ordnung in der Familie, der Kommune, im Staat. Ungehorsam aber kann Christenpflicht werden, z.B. falls eine Regierung ihre Bürger unterdrückt oder andere Staaten angreift, ja auch gegenüber einer Kirchenleitung, wenn sie sich offenkundig vom Geist des Evangeliums entfernt. Für Christen ist der Dekalog, sind die ‚Zehn Worte (Gebote)' verpflichtender Maßstab, nachzulesen schon im ‚alttestamentlichen' Buch Exodus 20,2-17 und Deuteronomium 5, 6-21.

Doch Ungehorsam auch gegenüber der Kirche? – Kirche ist eine Gemeinschaft von Menschen mit einem christlichen Glaubensbekenntnis. Während der katholischen Messfeier ändere ich es für mich ab und sage: „- geboren aus Maria" – nicht wie vorgeschrieben „aus der Jungfrau Maria". Im Vaterunser soll man beten: „ - und führe uns nicht in Versuchung". Ich kann es nicht. Führt denn Gott mich in irgendeine Versuchung wie ein besorgter Vater, der meine Ehrlichkeit überprüfen will, oder wie ein misstrauischer Vorgesetzter, der meine Zuverlässigkeit auf die Probe stellt? – Sollte es nicht heißen: „Hilf mir in der Versuchung?" –

Kein Katholik muss den Papst als „Heiligen Vater" anerkennen, denn allein Gott ist „heiliger Vater". Im Matthäusevangelium stehen folgende Sätze aus einer Rede Jesu (Mat.23,8-12): „Ihr aber sollt euch nicht Meister nennen lassen, denn einer ist euer Meister und ihr seid alle Brüder. Auch Vater nennt keinen von euch auf Erden, denn einer ist euer Vater, der himmlische. Auch Lehrer lasst euch nicht nennen, denn einer ist euer Lehrer, der Messias. Der Größte unter euch soll euer Diener sein. Wer sich selbst erhöht, wird erniedrigt, und wer sich selbst erniedrigt, wird erhöht werden". Der Papst, Stellvertreter Christi auf Erden? – 2010 beglückwünschte der Kardinalstaatssekretär Angelo Sodano den Papst mit folgenden Worten: „Frohe Ostern, Hl. Vater, frohe Ostern sanftmütiger Christus auf Erden, die Kirche ist mit dir!" – Wirklich und vorbehaltlos die ganze Kirche? – Und grenzt das nicht an Blasphemie? - Jesus, Petrus und wohl alle Apostel trugen schlichte Kutten. Wie also rechtfertigt man die Prunkgewänder bei päpstlichen Messen, den Tragstuhl (sedia gestatoria), mit dem sich viele Päpste bis in die Neuzeit über die Köpfe der Gläubigen hinwegbefördern ließen, das kugelsichere Papamobil und die gesamte Prachtentfaltung des Vatikans? – Es gibt eine kleine jüdische Geschichte von zwei Rabbinen, die eines Tages auf dem Petersplatz die Auffahrt von Dutzenden schwarzer Luxuslimousinen verfolgen. Kardinäle und Bischöfe steigen aus, um einer vatikanischen Versammlung beizuwohnen. Sagt der eine Rabbi bewundernd: „Schau mal, Bruder – was für'n Geschäftserfolg! – Mit `nem Esel ham' se angefangen!" - Ja, der Papst ist eben nicht nur geistlicher ‚Oberhirte', sondern immerhin Souverän eines Kirchenstaates, der sogar über ‚Militär' und auch über eine eigene Bank mit weltweit gestreuten, millionenschweren Kapitalinvestitionen verfügt.

Ich kann den gebrechlichen Großinquisitor aus Dostojewskijs „Brüder Karamasow" gut verstehen. Es ist das Zeitalter der Inquisition. Soeben sind in Sevilla hundert Häretiker qualvoll hingerichtet worden. Jesus geht über den Marktplatz, und obwohl er kein Wort spricht, wird er von allen Menschen erkannt – auch deswegen, weil er plötzlich ein ‚Wunder' vollbringt. Der greise Großinquisitor bemerkt ihn erschrocken, zutiefst misstrauisch, und lässt ihn sofort verhaften. Um Mitternacht kommt es zum Verhör. Der Inquisitor wirft Jesus vor, dass er kein Recht habe, auf die Erde zurückzukehren und die ‚heilige Ordnung' zu stören, welche die Kirche in über tausend Jahren errichtet habe. In einem eindringlichen Monolog klagt der Greis Jesu an, er habe die Gaben des ‚Versuchers', nämlich Brot und Wunder zugunsten persönlicher Glaubensfreiheit der Christen verschmäht, somit die Autorität der etablierten Kirche beschädigt und Unsicherheit und Leid der Gläubigen besiegelt. Jesus schweigt, doch der Inquisitor fährt fort: Freiheit für die unbedarften Gläubigen sei eine unmenschliche Zumutung, denn sie könnten sie ja gar nicht aushalten. Während der Inquisitor spricht, schweigt Jesus weiterhin. So führt der würdige Alte allein das Gespräch und klagt ihn an. Er wirft Jesus vor, die persönliche Glaubensfreiheit der Christen leichtfertig vor das kirchlich geregelte Wohl der Menschheit gestellt zu haben. Als der Inquisitor schließlich verstummt, geht Jesus auf ihn zu und gibt ihm schweigend einen Kuss. Daraufhin setzt ihn der irritierte Inquisitor frei, obwohl er ursprünglich vorhatte, ihn am nächsten Morgen auf dem Scheiterhaufen verbrennen zu lassen.

Die Erzählung ist Dostojewskijs Kritik am westeuropäischen Christentum und an der allzu machtvollen, ja machtbesessenen römischen Kirche. Ist es völlig abwegig, sich Jesus in seiner abgetragenen braunen Kutte und mit schäbigen Sandalen heute auf dem Petersplatz vorzustellen? Man würde ihn vielleicht für einen sektiererischen Wanderprediger halten, einen Aufmerksamkeit heischenden Selbstdarsteller, gewiss für einen unangenehmen Störer vor dem Respekt gebietenden Petersdom – die vatikanischen Gardisten würden ihn festnehmen, denn er passt so gar nicht in die Pracht der vatikanischen Welt. Ganz sicher würde dieser unscheinbare Mann nicht dem ‚Hl. Vater' vorgestellt. Natürlich kennt Jesus die Bücher des großen Theologen Ratzinger, doch vielleicht würde er sich, wie bei Dostojewskij, nicht auf eine theologische Diskussion einlassen, würde kaum etwas sagen, vielleicht würde er nur lächelnd den päpstlichen Ring küssen und sich, genau wie damals beim Großinquisitor, schweigend entfernen.

Ein Papst gilt nicht nur selbst als ‚Hl. Vater', sondern besitzt auch die Macht, den Himmel mit ungezählten ‚Heiligen' auszustatten. Die geradezu inflationäre ‚Heiligsprechung' durch die Päpste – allein während des Pontifikats von Papst Johannes Paul II. (1978-2005) wurden 482 Personen heilig gesprochen - halte ich für eine befremdliche Grenzüberschreitung, denn auch dafür wäre doch wohl allein Gott zuständig. Kein Zweifel, dass die Mehrzahl der ‚heilig' Gesprochenen aus für den Glauben ‚maßgebenden' Menschen besteht, in unterschiedlicher Weise, die meisten von ihnen Vorbilder für jeden Christen. Papst Benedikt setzte die traditionelle Praxis fort.

Der bekannte und streitbare Theologe Professor Hans Küng schreibt: „Ratzinger und die Seinen leben immer noch im Mittelalter. Die große Zeit der katholischen Kirche ist für diese Leute das

Mittelalter gewesen. Was zählt, ist die Tradition. Und die will man erhalten, denn das ist auch eine Machtfrage. Man möchte die Macht - sozusagen die mittelalterliche Macht der Päpste und der römischen Kurie - bewahren. Die Kirche ist wirklich krank. Wenn man da eine Diagnose macht, dann sieht man, dass sich da vieles nicht mehr fügt. Und Jesus stört tatsächlich in der kirchlichen Landschaft heute. Man kann sich nicht vorstellen, dass er im Petersdom an einer Papstmesse mitwirken würde".

Gehorsam gegenüber dem Papst? – Der allein verbindliche Maßstab sind für ihn und alle Christen doch wohl Leben und Wirken Jesu und das persönliche Gewissen. Die Kirchengeschichte zeigt eine Fülle von Beispielen, wie unbedacht und eigennützig sich einige Päpste vom Geist Jesu entfernten. Vergessen wurde die Verheißung Jesu (Joh 8,31): Nur „wenn ihr in meiner Lehre verharrt, seid ihr meine echten Jünger. Dann werdet ihr die Wahrheit erkennen, und die Wahrheit wird euch frei machen".

Exkurs zu Papst Franziskus

Der neue Papst, der sich selbst den verpflichtenden Namen Franziskus gab, könnte eine Wende einleiten. Was darf die katholische Kirche, was darf die Christenheit von Franziskus erwarten? Zunächst zeigte er achtbaren Respekt gegenüber seinem Vorgänger, dem gelehrten und konservativen Theologen Ratzinger.

In seiner ersten Predigt betonte Papst Franziskus den Einsatz für die Ärmsten und Ausgeschlossenen: „Vergessen wir nie, dass die wahre Macht der Dienst ist und dass auch der Papst, um seine Macht auszuüben, immer mehr in jenen Dienst eintreten muss, der seinen leuchtenden Höhepunkt am Kreuz hat; dass er auf den demütigen, konkreten, von Glauben erfüllten Dienst des heiligen Josef schauen und wie er die Arme ausbreiten muss, um das ganze Volk Gottes zu hüten und mit Liebe und Zärtlichkeit die gesamte Menschheit anzunehmen, besonders die Ärmsten, die Schwächsten, die Geringsten, diejenigen, die Matthäus im Letzten Gericht über die Liebe beschreibt: die Hungernden, die Durstigen, die Fremden, die Nackten, die Kranken, die Gefangenen". An die Verantwortungsträger in Wirtschaft und Politik richtete er einen eindringlichen Appell zur Bewahrung der Schöpfung: „Lasst uns ,Hüter' der Schöpfung, des in die Natur hineingelegten Planes Gottes sein, Hüter des anderen, der Umwelt; lassen wir nicht zu, dass Zeichen der Zerstörung und des Todes den Weg dieser unserer Welt begleiten".

Beeindruckend für viele Millionen Zuschauer in aller Welt waren die ersten Auftritte von Papst Franziskus unmittelbar nach seiner Wahl, seine überzeugende Schlichtheit, seine Fahrt im offenen Jeep durch die Menge auf dem Petersplatz, seine Umarmung eines Behinderten, das Händeschütteln als Symbol seiner Nähe zu allen Gläubigen, seine Fußwaschung von jugendlichen Straftätern. Nicht zuletzt die Visite bei seinem Vorgänger in Castel Gandolfo, übrigens dem Sterbeort von Pius XII. (1958) und Paul VI. (1978), das gemeinsame Gebet und manches andere.

Wird Franziskus ein Papst der so dringenden Reform der Kurie wie auch der gesamten Kirche sein? Kardinal Jorge Maria Bergoglio, Jesuit, ist Argentinier italienischer Abstammung. Eher überrascht erfährt man, dass er im Gegensatz zu manchen kirchlichen Würdenträgern und vielen Priestern Lateinamerikas kein Sympathisant oder gar Vertreter der ‚Befreiungstheologie‘ ist. Der brasilianische Befreiungstheologe Leonardo Boff betonte dennoch, dass Papst Franziskus nicht grundlos als „Kardinal der Armen“ bekanntgeworden sei: „Er ist in die Slums gegangen und hat mit den Menschen dort gesprochen, er hat soziale Ungerechtigkeiten angeprangert. Und er hat vorgelebt, was er predigte.“ Bergoglio sei „immer nah am Volk“ gewesen; das wisse er, Boff, aus eigener Erfahrung. Doch gerade von Boff stammt das Zitat: „Wenn wir uns nicht ändern, werden wir aussterben wie die Dinosaurier.“

Franziskus, ein Reformer? In einem Brief an die argentinische Regierung kritisierte er im Jahr 2010 mit deutlichen Worten die Einführung der gleichgeschlechtlichen Ehe, er sprach von einem „echten und bitteren anthropologischen Rückfall“. Die argentinische Präsidentin Cristina Fernández de Kirchner kritisierte Kardinal Bergoglios Haltung; sie sagte, der Ton der Kirche erinnere sie an „Mittelalter und die Inquisition“. Die Adoption von Kindern durch homosexuelle Partner hält der heutige Papst für eine Diskriminierung der betroffenen Kinder. Zum Skandal des Missbrauchs von Kindern durch katholische Geistliche meinte er in einem Interview 2012, eine Mitschuld des Zölibats sei seines Erachtens nicht gegeben.

Im März 2012 entschied der oberste Gerichtshof Argentiniens, dass Abtreibungen nach einer Vergewaltigung prinzipiell nicht strafbar sind. So kam es im September 2012 zu einem Vorstoß zur Regelung solcher legalen Abtreibungen im Stadtgebiet von Buenos Aires. Bergoglio, der Abtreibungen grundsätzlich ablehnt, nannte das „bedauerlich" und schrieb, dass Abtreibung „nie eine Lösung" sei. Die Entscheidung des obersten Gerichtshofs bezeichnete er als „Kompetenzüberschreitung".

Papst Franziskus lehnt den Gebrauch von Kondomen ab, auch wenn sie zum Schutz vor der Übertragung von HIV dienen sollen.

Das alles sind zweifellos konservative Züge des neuen Papstes, die gewiss allen Kardinälen im Konklave bekannt waren. Denkbar, dass sie die Wahl von Kardinal Bergoglio zum Papst positiv beeinflusst haben.

Jorge Mario Bergoglio hat in seiner argentinischen Amtszeit bewiesen, dass er wohl bescheiden ist, aber auch entschlossen und durchsetzungsfähig. Doch wird er es fertig bringen, den in Traditionen erstarrten Vatikan mit Hilfe des Hl. Geistes, der ja der Geist Christi ist, zu reformieren?

Bei allen Vorbehalten darf man wohl dem Urteil bedeutender Vatikankritiker vertrauen, besonders dem weltbekannten franziskanischen ,Befreiungstheologen' Leonardo Boff, dem 1985 von Papst Johannes Paul II. und dem Vorsitzenden der Glaubenskongregation, Kardinal Joseph Ratzinger, ein ,Bußschweigen' auferlegt wurde. Er spricht heute nicht mehr von „Befreiung", sondern vom „Lebensschutz" für die „Ausgeschlossenen" und weist auf die gegenwärtige Realität seines Landes Brasilien hin: Dort erhalte ein Drittel der Bevölkerung - etwa 50 Millionen Menschen - keinerlei staatliche Hilfen gegen Kriminalität, Verhungern und Arbeitslosigkeit.

Papst Franziskus begann seine Amtszeit nicht nur mit bescheidenen Ansprachen, sondern mit viel versprechenden Aktionen. Gemeint ist nicht sein Verzicht auf die ,roten Papstschuhe' und das goldene Kreuz. Er empfing sofort die Vertreter anderer Kirchen und Religionen im Vatikan zu einer Sonderaudienz. Mit

Aufmerksamkeit berichtete die Weltpresse vom Gruß, den der Papst an die Vertreter des jüdischen Volkes und des Islams richtete. Der Ökumenische Patriarch von Konstantinopel, Bartholomäus I., betonte in seinem Grußwort die „Einheit der christlichen Kirchen" als wichtigste Aufgabe des neuen Papstes. Papst Franziskus bekräftige seinen festen Willen, den ökumenischen Dialog und das Gespräch der Religionen im Geist des Zweiten Vatikanischen Konzils fortsetzen zu wollen. Er betonte, dass die Gläubigen aller Religionen gemeinsam viel für die Bewahrung der Schöpfung, für die Armen und für den Weltfrieden tun können: „Wir wissen, zu wie viel Gewalt in der jüngeren Vergangenheit der Versuch geführt hat, Gott und das Göttliche aus dem Horizont der Menschheit zu streichen, und wir wissen, wie wertvoll es ist, in unseren Gesellschaften die Öffnung zum Transzendenten zu bezeugen, die der Mensch im Herzen trägt. Darin fühlen wir uns auch all denen nahe, die zwar zu keiner religiösen Tradition gehören, aber doch auf der Suche nach Wahrheit, nach Güte und Schönheit sind. Sie sind für uns wertvolle Verbündete beim Einsatz zur Verteidigung der Menschenwürde, zum Aufbau eines friedlichen Zusammenlebens unter den Völkern und zur Bewahrung der Schöpfung".

Niemand kann ernsthaft annehmen, dass nun etwa an den Dogmen gerüttelt werde. Eher schon ist eine Lockerung des Zölibats zum freiwilligen Entschluss der Priester denkbar, vielleicht sogar eine Zulassung von Frauen zum Priesteramt, mithin eine Wiederbelebung des Geistes, der im II. Vatikanischen Konzil erlebbar wurde. Und selbst mit der ‚Unfehlbarkeit' könnte man sich als kritischer Christ vielleicht versöhnen, wenn päpstliche Verkündigungen ‚ex cathedra' sich streng und ausschließlich am Geist der Evangelien orientieren. Nach Luthers Reformation braucht die katholische Kirche heute, 500 Jahre später, dringend eine neue aus ihren eigenen Reihen.

Ende März 2013 erfuhr die Öffentlichkeit von einem vierseitigen, handgeschriebenem Manuskript, das Kardinal Bergoglio angeblich seinem Kollegen, dem Erzbischof von Havanna, Kardinal Jaime

Ortega, vor dem Konklave übergeben haben soll. Der Inhalt soll die Mehrheit der Kardinäle nicht nur für Bergoglio eingenommen, sondern auch dazu gebracht haben, für ihn als neuen Papst zu stimmen.

Sein wichtigster Punkt ist ein radikales Bekenntnis Bergoglios zur „Evangelisierung als der eigentlichen Aufgabe der Kirche", die aufgerufen sei, „aus sich selbst heraus zu gehen, um so die Peripherie zu erreichen". Und weiter: „Wenn die Kirche nicht aus sich selbst heraustritt zur Evangelisierung, kümmert sie sich nur um sich selbst und wird dann krank ... Die Krankheiten, die sich im Laufe der Zeit in den kirchlichen Institutionen entwickelt haben, haben ihre Wurzeln in dieser Selbstbezogenheit, einer Art von theologischem Narzissmus".

Das sind befreiende Worte, wenn sie denn wirklich vom heutigen Papst Franziskus stammen. Zurück zum Geist des Evangeliums, zu der darin überlieferten Botschaft Jesu Christi, befreit von ‚Orthodoxie' und vatikanisch-mittelalterlichem Pomp.

KIRCHE IN BEDRÄNGNIS

Gibt es nicht tatsächlich genügend Anlass, am heutigen Zustand der Kirche zu verzweifeln? - Hundertausende von Gläubigen haben ihr den Rücken gekehrt, und so tun es auch weiterhin viele unserer evangelischen Brüder und Schwestern. Man mag das bedauern, doch das wäre eine völlig unzureichende Reaktion, denn es ist alarmierend!

Aber wie reagiert die offizielle Kirche? - Der Vatikan und die Deutsche Bischofskonferenz haben 2012 in einem neuen Dekret den Kirchenaustritt und die Konsequenzen daraus eindeutig geregelt. Der förmliche, zivile Kirchenaustritt sei eine „schwere Verfehlung gegenüber der kirchlichen Gemeinschaft", erklärte die Bischofskonferenz. „Wer vor der zuständigen zivilen Behörde aus welchen Gründen auch immer seinen Kirchenaustritt erklärt, verstößt damit gegen die Pflicht, die Gemeinschaft mit der Kirche zu wahren und gegen die Pflicht, seinen finanziellen Beitrag dazu zu leisten, dass die Kirche ihre Aufgaben erfüllen kann", heißt es in dem Dekret. Für jeden, der in dieser Weise auf Distanz zur Kirche gehe, sei die aktive Teilnahme am kirchlichen Leben eingeschränkt. Aus Sicht der Kirche sind Ausgetretene, die also keine Kirchensteuer mehr zahlen, automatisch nicht mehr katholisch. Sie dürfen nicht mehr beichten, die Eucharistie feiern, Taufpate werden oder kirchliche Ämter übernehmen. Auch ein kirchliches Begräbnis kann verweigert werden. Anders als bisher sollen sie aber nicht mehr automatisch exkommuniziert werden.

Zugleich macht das Dekret deutlich, dass ein Kirchenaustritt nicht partiell erfolgen kann. Es sei nicht möglich, eine "geistliche Gemeinschaft Kirche" von der "Institution Kirche" zu trennen, heißt es in einer Pressemitteilung der Bischofskonferenz. Ein konsequenzloser Austritt nur aus der Institution, etwa um keine Kirchensteuer mehr zu zahlen, wird damit ausgeschlossen. Seit 1990 gibt es dennoch jährlich mehr als 100.000 Austritte allein aus der katholischen Kirche, im Jahr 2011 waren es insgesamt 126.488.

Ja, die Zahl der Austritte ist alarmierend, aber ist es nicht auch der Inhalt dieses Dekrets? – Man könnte meinen, die katholische Kirche verstünde sich heute als Verein: Wer seinen Mitgliedsbeitrag nicht bezahlt, gehört nicht mehr dazu!

Die Gründe für einen Kirchenaustritt variieren stark und sind individuell verschieden, sodass wissenschaftliche Studien, die die Ursachen zu ergründen versuchten, zu teilweise unterschiedlichen Ergebnissen gelangen.

Eine Studie des Instituts für Demoskopie Allensbach im Auftrag der deutschen katholischen Bischöfe 1992/93 kam zu dem Ergebnis, dass die Kirchensteuer meist nur noch Anlass sei. So würden sich Katholiken nicht länger mit der Institution identifizieren, hätten kein Verständnis für die kirchliche, wirklichkeitsferne Sexualmoral und würden ihren Vertretern oftmals „Heuchelei" vorwerfen.

Nach einer vom Kirchenamt der EKD veröffentlichten Studie gibt es signifikante Unterschiede zwischen Ost- und Westdeutschland. Die drei häufigsten Gründe für den Kirchenaustritt im Westen seien demnach die Einsparung der Kirchensteuer, dann die Aussage ‚Ich kann auch ohne Kirche christlich sein' sowie eine generelle Gleichgültigkeit gegenüber der offiziellen Kirche.

Die drei häufigsten Gründe für den Kirchenaustritt im Osten waren dagegen Gleichgültigkeit gegenüber der Kirche an erster Stelle, dann folgten die Aussagen ‚Ich brauche keine Religion in meinem Leben. Ich kann mit dem Glauben nichts mehr anfangen'. Nach einer neueren Studie der EKD war dieser Ost-West-Unterschied auch 2006 noch deutlich zu erkennen. Bei drei Vierteln der Konfessionslosen in Westdeutschland handele es sich um frühere Protestanten, die in den letzten 25 Jahren aus ihrer Kirche ausgetreten seien, während in den neuen Bundesländern viel häufiger die Konfessionslosigkeit seit Generationen bestünde und eine grundsätzliche Ablehnung von Religion geäußert werde.

Der Religionssoziologe Detlef Pollack führte 2012 die Missbrauchsskandale in der katholischen Kirche als Austrittsgrund an. Hinzu käme die demografische Entwicklung und Säkularisierung der Gesellschaft.

Die ebenfalls 2012 u.a. von Michael Ebertz, Professor am Zentrum für kirchliche Sozialforschung der Katholischen Hochschule Freiburg, verfasste Studie „Austritt oder Verbleib in der Kirche" sieht dagegen den Austritt als Endprodukt eines längeren Prozesses, der schließlich zum Verlassen der Kirche führe. Die Studie konstatiert: „Junge Erwachsene werden von den herkömmlichen Angeboten der Kirche kaum angesprochen und empfinden diese nicht als attraktiv."

Es besteht die Versuchung, ein schlichtes Fazit zu ziehen: Die Kirchen haben also ihre ‚Attraktivität', ihre Überzeugungskraft, weitgehend verloren.

Nun formuliert jede Religion eine Antwort auf die Sinnsuche des Menschen. In Europa fand man sein Lebensfundament jahrhundertelang in der Lehre der christlichen Kirchen. Gewiss gab es Dispute, Kontroversen, kriegerische Auseinandersetzungen, Reformversuche, Kirchenspaltungen – aber eben auch die Überzeugung, innerhalb einer christlichen Gemeinschaft grundsätzlich und über den Tod hinaus geborgen zu sein. Religion war so selbstverständlich wie der aufrechte Gang.

Die große europäische Aufklärung stellte dieses Lebensgefühl in Frage. Sie erreichte eine bislang unbekannte Trennung von Kirche und Staat. Von Frankreich aus verbreiteten sich die demokratischen Ideale von „Freiheit, Gleichheit, Brüderlichkeit" über ganz Europa.

Mit der Begründung von Demokratie entstand ein neues Staatsverständnis, und mit der Unabhängigkeitserklärung der Vereinigten Staaten von 1776 nicht nur die bis heute spürbare amerikanische Mentalität, nach der man selbst und nicht nur der Staat für sein Wohlergehen verantwortlich ist, sondern auch eine durch und durch freiheitliche Grundordnung, wie sie bis heute nicht nur das amerikanische Leben bestimmt. Religiöse und politische Verfolgungen, die viele Menschen an die Küsten Amerikas gebracht hatten, dürfe es hier nicht wieder geben, und die Bürger Amerikas sollten mündige, freie, glückliche Menschen werden.

Aus diesen Ideen heraus entstand die berühmt gewordene Formulierung in der Unabhängigkeitserklärung, wonach es zu den unabänderlichen, gottgegebenen Rechten eines jeden Amerikaners gehöre, nach seinem Glück zu streben, für dessen Voraussetzungen der Staat zu sorgen habe. Das ‚Streben nach Glück' – ‚The Pursuit of Happiness' - war demzufolge nicht nur Inhalt der Freiheitserklärung, sondern gleichzeitig auch ein Motiv für die Loslösung von der britischen Krone. Der letzte USA-Wahlkampf von 2012 zeigte angesichts des Verfalls der amerikanischen Wirtschaft, wie erschreckend weit der in der Verfassung geforderte ‚Pursuit of happiness' an weiten Teilen der amerikanischen Bevölkerung vorbei ging. Und dennoch ist das so illusionär gewordene Ideal der Selbstbestimmung, der Gedanke der Machbarkeit von Glück aus eigenem Antrieb und eigener Verantwortung, bis heute im US-Alltagsleben unter der Oberfläche erkennbar, besonders bei den Republikanern, während sich Millionen notleidende Bürger von dieser Illusion verabschiedet haben.

Und wie steht es in Deutschland? Der 2012 veröffentlichte ‚Armutsbericht' weist es aus: Von Armut bedroht sind unverändert zwischen 14 bis 16 Prozent der Bundesbürger. Laut Bericht verfügen die reichsten zehn Prozent der Haushalte über 53 Prozent des gesamten Nettovermögens. Die untere Hälfte der Haushalte besitzt dagegen nur gut ein Prozent - im Jahr 2003 waren es noch rund drei

Prozent gewesen. Was wurde aus dem Slogan „Wohlstand für alle", der als Regierungsprogramm sich tatsächlich zum deutschen Wirtschaftswunder entwickelte? Ein neues Schlagwort tauchte auf, das ‚Prekariat'. Dieser neue Begriff ist vom Adjektiv prekär abgeleitet, was so viel wie unsicher, weil widerruflich bedeutet.

Die Schere zwischen Arm und Reich klafft in nahezu allen Industrienationen immer mehr auseinander. Nach einer Definition der Internationalen Arbeitsorganisation liegt eine prekäre Beschäftigung dann vor, wenn der Erwerbsstatus nur geringe Arbeitsplatzsicherheit sowie wenig Einfluss auf die konkrete Ausgestaltung der Arbeitssituation gewährt, der arbeitsrechtliche Schutz lediglich partiell gegeben ist und die Chancen auf eine materielle Existenzsicherung durch die betreffende Arbeit eher schlecht sind. Das geht einher mit einem Verlust an Sinnhaftigkeit, sozialer Anerkennung und persönlicher Planungssicherheit.

Von den Kirchen ist darüber wenig bis gar nichts zu hören. Erinnert man sich denn nicht mehr an den Nestor der katholischen Soziallehre Oswald von Nell-Breuning, den berühmten katholischen Theologen - Jesuit, Nationalökonom und Sozialphilosoph? Nell-Breuning wirkte als Berater von Pius XI. maßgeblich an der Formulierung der berühmten Sozialenzyklika „Quadragesimo anno" von 1931 mit, in der die Sozialbindung des Eigentums gefordert wurde und in der Nell-Breuning das Subsidiaritätsprinzip entwickelte. Allerdings wurde in diesem Dokument sowohl der radikale Marxismus-Kommunismus wie auch der gemäßigte demokratische Sozialismus abgelehnt. Wörtlich heißt es: „Der Sozialismus, gleichviel ob als Lehre, als geschichtliche Erscheinung oder als Bewegung, auch nachdem er in den genannten Stücken der Wahrheit und Gerechtigkeit Raum gibt, bleibt mit der Lehre der katholischen Kirche immer unvereinbar. Er müsste denn aufhören, Sozialismus zu sein: der Gegensatz zwischen sozialistischer und christlicher Gesellschaftsauffassung ist unüberbrückbar". Man darf annehmen oder zumindest hoffen, dass der renommierte Sozialwissenschaftler das heute so nicht mehr schreiben würde.

Kaum wahrnehmbar, dass sich die katholische Kirche in der gegenwärtigen Diskussion um gerechte Einkommensverteilung, Mindestlöhne, Reichensteuer oder zureichende Altersvorsorge eindeutig zu Wort meldet. Könnte aber gerade das nicht ihre Glaubwürdigkeit und das Vertrauen in ihre Kompetenz bei sozialen Problemen fördern?

Nein, die Kirche sollte sich nicht in die Tagespolitik einmischen. Ihr jahrhundertelanges Bündnis mit den jeweils Mächtigen war verhängnisvoll genug. Doch sie könnte, nein müsste gerade heute die Hüterin zutiefst christlicher Werte sein oder wieder werden und die vorgebliche ‚Alternativlosigkeit' mancher politischer Entscheidungen infrage stellen. Wo ist ihr unüberhörbarer Protest gegen die Diktaturen dieser Welt? – Wo bleibt ihr entschiedener Einspruch gegen die Produktion von Vernichtungswaffen, eben auch im ‚christlichen' Westen? – Manche Regierungen und sehr viele Bürgerinitiativen verurteilen die Unterdrückung von Meinungsfreiheit, die Inhaftierungen und Folterungen etwa in Russland, China und Nordkorea. Die Stimme der Kirche übertrifft an Lautstärke dabei kaum verhaltenes Predigtniveau. Die trotz aller Umwelt- und Klimakonferenzen rapide fortschreitende Zerstörung der Natur, unserer Lebensgrundlage, erregt gottlob heute nicht nur verantwortungsbewusste Wissenschaftler, sondern bewegt Millionen Bürger in aller Welt. Ist der Protest der offiziellen Kirche gegen die gedankenlose und rein profitorientierte Ausbeutung von Gottes Schöpfung, gegen skrupellose Steuerhinterziehung und Wirtschaftskriminalität wirklich und eindeutig vernehmbar? – Ja, die Kirche sympathisiert mit ‚christlichen' Parteien, aber es geht um mehr, nämlich die unermüdliche Reklamation der unveräußerlichen humanitären Werte des Evangeliums. Doch nicht nur im Kirchenraum, sondern unüberhörbar und lautstark in der Öffentlichkeit! Das mag polarisieren, aber entschiedenes Christsein polarisiert ohnehin seit den Tagen Jesu. Vertieft sich nicht die Kluft zwischen der offiziellen Amtskirche und den vielfältigen ,Kirchenvolksbewegungen'? – Die ,Lauheit' der Christen wird beklagt, doch sie hat offenbar ihre Ursachen auch in der ,Lauheit' der Amtskirche, ihrem Taktieren und den opportunen Kompromissen, nicht zuletzt ihrer Reserve gegen die ,Befreiungstheologie' und jede Form noch so kluger und verantwortungsbewusster Kritik von Theologen. Wie schon erwähnt: Die gegenwärtige Kirche und eine formalisierte, verdünnte Form des Christentums hat an ,Attraktivität' besonders für junge Menschen verloren. Eine säkularisierte Gesellschaft wie die unsere braucht zur Orientierung dringend eine glaubhafte Werteinstanz. Verhängnisvoll, wenn die Kirche ihren entschiedenen Verkündigungsauftrag zu ,Metanoia', zur Besinnung auf die evangelische Botschaft und damit für humane, sozial gerechte Lebensverhältnisse, zu unverbindlicher Mahnritualen verkommen lässt.

Warum sind unsere Kirchen so leer, die katholischen Messen so spärlich besucht? – Durch die Ausdünnung der Pfarreien und den Priestermangel werden die Wege zum sonntäglichen Gottesdienst immer länger und beschwerlicher. Viele Priester sind überaltert und leiden unter der bedrohlich angewachsenen Verwaltungsarbeit, weil sie mehrere Pfarreien zugleich betreuen müssen. Für persönliche Gespräche und individuelle Seelsorge fehlt es zu oft an Zeit und Kraft. Und man spürt die Frustration vieler Prediger an ihrem sonntäglichen Rekurs auf ausgestanzte Formeln und Katechismusfrömmigkeit. Werden die Gottesdienstbesucher noch da abgeholt, wo sie in ihren Alltagsproblemen stehen oder stecken? Wird ihnen noch überzeugend lebendiger Glaube vermittelt, die Kirche als Lebenshilfe glaubhaft angeboten? – Man darf - nein, man muss daran zweifeln.

Die katholische Kirche kennt die „viri probati" (,erprobte Männer'), die auch verheiratet zu Diakonen geweiht werden können. Warum sollten sie in pfarrerlosen Gemeinden nicht selbständig

Gottesdienste leiten und auch ohne Priester Hostien weihen und austeilen dürfen? Wäre das nicht eine schätzbare Hilfe für solche ‚verwaiste' Pfarreien?

Im Unterschied zu den geweihten Priestern werden wir als ‚Laien' bezeichnet. Doch ‚Laie' stammt vom griechischen ‚laos', was einfach ‚Volk' bedeutet. Ließen sich unter diesem ‚Volk' nicht gläubige und intelligente, also geeignete Menschen finden, gleichgültig ob männlich oder weiblich, die nach einer nebenberuflichen Zusatzausbildung in Homiletik (Predigtkunde) in Abwesenheit des Priesters einen Wortgottesdienst übernehmen könnten? Sind nicht gerade solche Menschen besonders vertraut mit den Alltagsnöten, Unsicherheiten und Problemen der Kirchenbesucher? Haben nicht die meisten Kirchgänger ein besonderes Bedürfnis gerade nach dem Wortgottesdienst? Ist die Annahme vermessen, dass die glaubhafte, alltagsbezogene, lebensnahe Verkündigung nicht unbedingt eines kompletten Theologiestudiums bedarf?

Bei all diesen Überlegungen geht es nicht um Unterschätzung oder gar Ablösung des Priestertums durch ‚Laien', sondern allein um Unterstützung der Priester und Gewährleistung von Gottesdiensten in gegenwärtig offenkundigen Notlagen.

Vom verpflichtenden Zölibat innerhalb der katholischen Kirche war schon die Rede. Wäre er im Neuen Testament von Jesus selbst eindeutig angeordnet, wieso gilt er dann nicht für die orthodoxe, die anglikanische oder die evangelische Kirche? Ist es mit dem katholischen Glauben völlig unvereinbar, auch Frauen als Diakone oder zum Priesteramt zuzulassen? Gewiss, Frauen waren keine Apostel, aber sie gehörten zum ständigen Umgang Jesu. Wieso gibt es weibliche Pfarrer und sogar Bischöfe in der evangelischen Kirche? Sind sie etwa weniger qualifiziert als ihre männlichen Kollegen? Kaum ein katholischer Würdenträger wagt das noch ernsthaft zu behaupten. Doch der Konservatismus droht die lebendige und grundsätzlich immer wieder reformbedürftige Kirche zu überwuchern und damit zu lähmen.

Weitere Zweifel tauchen auf. Warum ist es trotz aller Beteuerungen von ‚Ökumene‘ bis heute nicht möglich, zusammen mit evangelischen Christen die Eucharistie (das ‚Abendmahl‘) zu feiern? Gemeinsam glauben wir an Gott und bekennen uns zu Jesus Christus. Die Einsetzungsworte stehen gleichlautend bei Lukas 22, 19-20 und im 1. Korintherbrief 23-26. Das Brot „ist mein Leib“, sagt Jesus, und danach: „Dieser Kelch ist der Neue Bund in meinem Blut. Tut dies, sooft ihr daraus trinkt, zu meinem Gedächtnis!“ Ist es wirklich missverstanden, wenn man diese Worte symbolisch nimmt? Der Kelch steht für den Neuen Bund der Menschheit mit Jesus - kann das anders als symbolisch gemeint sein?

Und so verhält es sich mit manchen Aussagen Jesu; man kann sie wörtlich nehmen oder man kann sie ernst nehmen, wie der jüdische Theologe Pinkas Lapide meinte. So auch das Jesuwort „Lass‘ die Toten ihre Toten begraben, du aber folge mir nach!“ (Mt 8,22 / Lk 9,60). Der ehemalige katholische Priester Armand Arnold schreibt: „So lautet Jesu Aufforderung auf die Bitte eines Nachfolgewilligen, Jesus möge ihm gestatten, zuerst seinen Vater zu beerdigen. Immerhin eine heilige Pflicht für einen jüdischen Sohn! Jesuanische Lebensart jedoch richtet den Blick nach vorn, nicht zurück. Jesuanische Lebensart ist eine Verpflichtung auf die Zukunft. ‚Wer die Hand an den Pflug gelegt hat und zurückblickt, taugt nicht für das Reich Gottes‘ (Lk 9,62)‘. ‚Lass die Toten ihre Toten begraben und verabschiede Dich in Achtung vor Deinen Eltern und lebe Dein Leben!‘“ Und Arnold fährt fort: „Es ist dies ein Grundgesetz jesuanischer Lebensart: Die Vergangenheit achtungsvoll hinter sich lassen und sich dem zuzuwenden, was vor einem liegt. Das Reich Gottes wird nicht im Gestern gefunden. Es will im Heute ergriffen werden, damit es sich in die Zukunft hinein entfalten kann. Das Reich Gottes aber ist nichts anderes als die Vitalität des Göttlichen, die alles Sein durchpulst. Es ist auch die hoffnungsfrohe

Unbekümmertheit Gottes angesichts der lächerlichen Ernsthaftigkeit aller vermeintlichen Notwendigkeiten und Sachzwänge des Gestern. Jetzt ist die Zeit des Heils".

Begegnet man hier nicht der zuversichtlich gläubigen Fröhlichkeit des hl. Franziskus? – Trauert man wirklich um einen Verstorbenen oder trauert man vielmehr um sich selbst, weil man einen nahestehenden, geliebten Menschen verloren zu haben glaubt? – Vom Barockdichter Friedrich von Logau stammt der schlichte Vers:

„Wenn wir aus dieser Welt durch Sterben uns begeben,
so lassen wir die Welt, wir lassen nicht das Leben".

Sigmund Freud zitiert in einer seiner Abhandlungen das alte römische Wort: „Si vis pacem, para bellum!", „Wenn du Frieden willst, dann bereite dich auf Krieg vor". Das ist bis heute die fragwürdige Devise aller hochgerüsteter Staaten der Welt: „Friede durch Abschreckung". Freud modifizierte den Spruch auf nachdenkenswerte Weise: „Si vis vitam para mortem!" – sinngemäß übersetzt: „Wenn du erfüllt leben möchtest, dann bereite dich auf den Tod vor". Gemeint ist damit, dass die Gewissheit der Endlichkeit unseres Daseins Anlass sein könnte, ja müsste, die Zeit des geschenkten Lebens mit tragfähigem Sinn zu füllen und auch dankbar zu genießen. Für einen Christen ist seine Existenz ja nicht lediglich das Produkt seiner Eltern, sondern letztlich ein Geschenk des Schöpfers, über dessen sinnvolle Verwendung er später Rechenschaft zu geben hat.

Manchmal beobachte ich die Gottesdienstbesucher. Es sind heute vorwiegend ältere Menschen, recht ernst, manchmal auch sauertöpfisch, mit besorgten Gesichtern, als müssten sie hier in der Kirche einer weiteren anstrengenden Verpflichtung nachkommen. Wie heißt es doch in Nietzsches „Zarathustra" (Kap.37)? „Bessere Lieder müssten sie mir singen, dass ich an ihren Erlöser glauben lerne: erlöster müssten mir seine Jünger aussehen!" – Tatsächlich:

Warum sehen wir Erlösten eigentlich nicht erlöster aus? Belastet uns das alltägliche Leben tatsächlich so sehr? Liegt es etwa an der Fülle der Ermahnungen, Gebote und Verbote, die wir in der Kirche hören? – Das Evangelium ist nach dem griechischen Wortsinn doch eine „frohe Botschaft"! – Und deshalb: „Tod, wo ist dein Stachel? – Hölle, wo ist dein Sieg?" (1. Kor 15,55).

Das Neue Testament erzählt, wie die Anhänger Jesu, Männer und Frauen, nach dem Kreuzestod ihres Meisters in eine Art Lähmung verfallen. In Todesangst verstecken sie sich hinter den Mauern ihrer Häuser und trauen sich nicht mehr auf die Straße. Ist jetzt alles aus? In der ältesten Überlieferung, der Geschichte von den Frauen am Grab (Markus 16, 2–9), wird berichtet, wie sie am Ostermorgen noch gar nicht in der Lage waren, etwas anderes als Tod zu erkennen. Das Grab ist leer! Ein Jüngling in weißem Gewand spricht sie an: „Entsetzt euch nicht! Ihr sucht Jesus von Nazareth, den Gekreuzigten. Er ist auferstanden, er ist nicht hier!" Doch sie verstehen nichts. Sie sind erschrocken. „Und sie gingen hinaus und flohen von dem Grab; denn Zittern und Entsetzen hatte sie ergriffen. Und sie sagten niemandem etwas, denn sie fürchteten sich."

„Er ist auferstanden, er ist nicht hier" – das scheint mir der entscheidende Satz unseres christlichen Osterglaubens zu sein, der mir auch stets am Grab meines viel zu früh verstorbenen Sohns einfällt. Und ich denke: „Er ist auferstanden, er ist nicht hier". Die Grabpflege zielt auf äußeres Andenken und auf das Prestige vor anderen ‚Hinterbliebenen', die die Gräber ihrer Angehörigen sorgsam pflegen und schmücken. Doch nur die verwesenden Körper der Toten liegen auf Friedhöfen in ihren letzten ‚Ruhestätten'. Ihre Körper kehrten in den ‚Staub' zurück, aus dem sie entstanden. So die Erinnerung am Aschermittwoch beim Empfang des Aschekreuzes: „Memento homo quia pulvis es et in pulverem reverteris"! („Erinnere dich, Mensch, dass du Staub bist und in Staub zurückkehren wirst").

Ich kenne überwältigende Klosterbibliotheken, auch einige der imponierenden Buchbestände von theologischen Fakultäten. In Abertausenden von Werken haben sich gelehrte Köpfe um theologische Fragen und Probleme bemüht, und ihre Arbeit ist Respekt gebietend. Doch immer wieder hatte ich das Gefühl, dass etwas nicht stimmt, dass Gott gar nicht in die Wolkentürme geistlich-professoraler Gelehrsamkeit hinein passt, sondern sie unendlich übersteigt. Und da half mir Blaise Pascal.

VERSTAND UND HERZ

Pascal (1623-1662), Zeitgenosse des großen René Descartes, war ein mathematisch-physikalisches Genie. Mit 19 Jahren entwarf er die erste funktionstüchtige Rechenmaschine als Hilfe für seinen Vater, einen vielbeschäftigten hohen Steuerbeamten im Dienst von Kardinal Richelieu. In seinen letzten Lebensjahren entwickelte er übrigens Pläne für einen ‚Omnibusverkehr‘ durch Groß-Paris. Die preisgünstigen Kutschen fuhren tatsächlich und brachten ihm beim breiten Publikum mehr Ruhm ein als selbst seine Rechenmaschine.

Pascal war von höchst anfälliger Gesundheit, und in den letzten 18 Jahren seines kurzen Lebens, er wurde ja nur 39, kaum einen Tag schmerzfrei. Hat das zur Eigenart seiner Meditationen über den Sinn des Lebens und des Glaubens beigetragen?

Pascal hinterließ Notizen und Fragmente auf rund 1000 Zetteln in ca. 60 Bündeln. Diese rhapsodischen Aufzeichnungen dienten der Vorbereitung eines Werkes zum Lob und zur Rechtfertigung des christlichen Glaubens und wurden erstmals 1670 unter dem Titel „Pensées sur la religion et autres sujets" von Freunden Pascals auszugsweise und unter Herstellung einer vermeintlich sinnvollen Ordnung veröffentlicht. Dieses Werk Pascals, inzwischen in alle Weltsprachen übersetzt, hat mich bis heute begleitet und immer wieder zu neuen Gedanken angeregt, besonders über Vernunft und Gefühl, über Herz und Verstand. Einer der Sätze, die sich mir unauslöschlich eingeprägt haben, lautet: „Le coeur a ses raison, que la raison ne connait point, on le sait en mille choses". Das französische Wortspiel lässt sich nur schwer übertragen, doch sinngemäß lautet es etwa: „Das Herz hat seine (Vernunft-) Gründe, die die Vernunft gar nicht kennt, man erfährt das bei tausend Gelegenheiten!" Es geht also um die besondere Logik unseres Herzens. Und an anderer Stelle, etwas ausführlicher: „Es ist ebenso nutzlos wie lächerlich, wenn die Vernunft für ihre Zustimmung vom

Herzen Beweise für die ersten Prinzipien verlangte, wie es lächerlich wäre, wenn das Herz von der Vernunft zur Annahme all der Lehrsätze, die sie beweist, ein Gefühl verlangte. Diese Unfähigkeit soll folglich nur die Vernunft demütigen, die über alles urteilen möchte, nicht aber unsere Gewissheit erschüttern, als ob nur die Vernunft fähig wäre, uns zu belehren".

Im geo- und anthropozentrischen Weltbild des Mittelalters hatte der Mensch fest gefügten Boden unter seinen Füßen, über sich die Himmelssphären mit Gott und den Engeln, der Mensch selbst geborgen im Mittelpunkt der Schöpfung. Aber nun brach diese wohl geordnete Welt durch die revolutionäre Himmelsmechanik eines Kopernikus, Kepler und Galilei zusammen. Der Mensch erlebt sich nun plötzlich als einsam in einem nach allen Seiten offenen Kosmos. „Das ewige Schweigen dieser unendlichen Räume schreckt mich", bekennt Pascal. Nun geht es nicht mehr um die Ungewissheit des menschlichen Wissens, sondern um die Unsicherheit der menschlichen Existenz. „Was für eine Chimäre ist doch der Mensch", ruft Pascal aus, „was für eine Novität, was für ein Monstrum, was für ein Chaos, was für ein Subjekt des Widerspruchs - und was für ein Wunder! Richter aller Dinge, einfältiger Erdenwurm, Verwalter des Wahren, Kloake der Ungewissheit und des Irrtums – Glanz und Auswurf des Weltalls". Und nun kommt die überraschende Wende, die unerhört modern anmutet: Die Lösung der Widersprüche des Menschen kann nicht von seiner Vernunft erwartet werden. Pascals persönlicher Christusglaube ist eine Sache des Herzens. Der Verstand kann ihn nicht begründen, aber er kann ihn auch nicht widerlegen.

Pascal geht es nicht um so etwas wie eine „metaphysische Dimension" des Menschen, es geht ihm um den konkreten christlichen Glauben. Freilich, auch persönlicher Glaube ist nicht gefeit gegen die Versuchungen der Orthodoxie, weder bei Christen noch bei Juden oder Muslimen. „Demütige dich, ohnmächtige Vernunft", schreibt Pascal, „lerne, dass der Mensch den Menschen unendlich übersteigt". Nichts sei der Vernunft so angemessen wie das Nichtanerkennen der Vernunft, meint Pascal. Den letzten Schritt der Vernunft sieht er darin einzusehen, dass es unendlich viele Dinge gibt, die unsere Vernunft nicht begreift.

Und deshalb gilt es noch einmal zu wiederholen: Unbestreitbar sind die enormen Fortschritte unserer Zivilisation, vor allem auf dem Gebiet der Naturwissenschaften, der Technik, der Medizin und der Kommunikation. Aber dass die Menschen dadurch glücklicher geworden sind, lässt sich nicht mit der gleichen Gewissheit behaupten.

Sigmund Freud hat das Problem in einer Schrift aus dem Jahr 1930 behandelt; sie heißt „Das Unbehagen in der Kultur". Der Autor weist auf drei Quellen dieses Unbehagens und Leidens hin: die Übermacht der Natur mit ihren Katastrophen, die Hinfälligkeit unseres Körpers und die Unzulänglichkeit der Einrichtungen, welche die Beziehungen der Menschen zueinander in Familie, Staat und Gesellschaft regeln. Freud schreibt: „Es klingt nicht nur wie ein Märchen, es ist direkt die Erfüllung der meisten Märchenwünsche, was der Mensch durch seine Wissenschaft und Technik auf dieser Erde angestellt hat. All diesen Besitz darf er als Kulturerwerb ansprechen. Er hatte sich seit langen Zeiten eine Idealvorstellung von Allmacht und Allwissenheit gebildet, die er in seinen Göttern verkörperte. Ihnen schrieb er alles zu, was seinen Wünschen unerreichbar schien – oder ihm verboten war. Man darf also sagen, diese Götter waren Kulturideale. Nun hat er sich der Erreichung dieses Ideals sehr angenähert, ist beinahe selbst ein Gott geworden, nicht vollkommen, in einigen Stücken gar nicht, in anderen nur so halbwegs. Ferne Zeiten", schreibt Freud 1930, „werden neue, wahrscheinlich unvorstellbar große Fortschritte auf diesem Gebiet der Kultur mit sich bringen, die die Gottähnlichkeit noch weiter steigern. Wir wollen aber nicht vergessen, dass sich der heutige Mensch in seiner Gottähnlichkeit nicht glücklich fühlt". Denn er ist und bleibt lediglich ein ‚Prothesengott'.

„Eritis sicut Deus", war die Verheißung der Schlange, und dieses aberwitzige Versprechen begründet den „Gotteskomplex" der modernen Menschheit mit der törichten Vorstellung, alles sei machbar, selbst die Eroberung des Weltalls. Wir haben phantastische Prothesen als ‚Lebenshilfen' entwickelt, hochkomplizierte Apparate für Flugverkehr, Klimabeobachtung und weltweite Kommunikation. Wir können Atome spalten und die Entstehung des Weltalls bis auf wenige Sekunden vor dem Urknall erkunden. In den Industrienationen verfügt man über weitgehende Automatisierung als Lebenshilfen im Alltag, die Medizin hat unfassbare Fortschritte gemacht. Ja, es gibt nach wie vor Naturkatastrophen, aber wir Menschen können sie inzwischen fast schon genauso gut selbst erzeugen durch Pannen in Atomkraftwerken, mit einem Arsenal von Atom- und Wasserstoffbomben und jahrzehntelanger Umweltzerstörung. Die Angst hat nicht abgenommen in unserer hochtechnisierten Welt, nur das Talent, sie einigermaßen erfolgreich zu verdrängen. Doch Terror, Kriege, Hungersnöte, Überschwemmungen, Klimawandel, Währungskrisen, Armut – all das macht nachdenklich, unsicher, was unsere Zukunft betrifft, erzeugt Angst.

Pascal schrieb schon vor 350 Jahren: „Ich weiß nicht, wer mich in die Welt gesetzt hat, noch was die Welt ist, noch wer ich selbst bin. Ich sehe diese grauenvollen Räume des Alls, die mich einschließen, und ich bin an einen Winkel dieses weiten Weltraums gefesselt, ohne zu wissen, weshalb ich an diesen Ort gesetzt worden bin und an keinen anderen. . . Ich sehe ringsum nur Unendlichkeiten, die mich einschließen wie ein Atom und wie einen Schatten, der nur einen Augenblick dauert ohne Wiederkehr. Alles, was ich kenne, ist, dass ich bald sterben muss, aber was ich am wenigsten kenne, ist gerade dieser Tod, den ich am wenigsten zu vermeiden weiß.- Wie ich nicht weiß, woher ich komme, weiß ich auch nicht, wohin ich gehe; ich weiß nur, dass ich beim Verlassen dieser Welt für immer entweder in das Nichts oder in die Hände eines erzürnten Gottes fallen werde. Das also ist meine Situation, voll der Schwäche und Ungewissheit".

Sind diese existenziellen Zweifel nicht hochaktuell? Es geht um den Sinnverlust, um Verlust von Vertrauen auch in die Verkündigung der Kirche, bei vielen Gläubigen um den Schmerz der Gottesferne. Wo ist nun eigentlich dieser „Gott, der Himmel und Erde" und uns „Menschen nach seinem Bilde" gemacht hat, wie uns die Bibel versichert? – Erinnert das nicht an die Klagen eines Mannes namens Hiob in dem hochpoetischen Buch des Alten Testaments (Kap. 6-7), vor 2500 Jahren in dichterische Form gegossen? - Dort ist zu lesen: „Die Pfeile des Allmächtigen stecken in mir; mein Geist hat ihr Gift getrunken, Gottes Schrecken stellen sich gegen mich. So wehre ich nicht meinem Mund, mit bedrängtem Geist will ich reden, mit betrübter Seele will ich klagen. Sagte ich: Mein Bett soll mich trösten, mein Bett trage das Leid mit mir - so quältest du mich mit Träumen und mit Gesichten jagtest du mich in Angst. Ich mag nicht mehr. Ich will nicht ewig leben! Lass ab von mir, denn nur ein Hauch sind meine Tage. Hab ich gefehlt? Was tat ich dir, du Menschenwächter? Warum stellst du mich vor dir als Zielscheibe hin? Bin ich dir denn zur Last geworden? Warum nimmst du mein Vergehen nicht weg, lässt du meine Schuld nicht nach? - Dahin sind meine Tage, zunichte meine Pläne, meine Herzenswünsche. Ich habe keine Hoffnung".

Solche verzweifelten Geständnisse von Sinn- und Hoffnungslosigkeit hört man heute nur noch sporadisch. Wir als ‚Normale' wehren sie durch Verdrängung weitgehend ab. Es scheint, als sei Gott für die meisten Menschen aus dem Alltag in unerreichbare Ferne gerückt, eine sentimentale Kindheitserinnerung, ein frommes Relikt für Feiertage wie Ostern und Weihnachten, für Taufe, Hochzeit und Begräbnis. Umfragen beweisen, dass in unserer säkularen Welt immer noch eine beachtliche Mehrheit an Gott glaubt. Fragt man etwas näher nach, so offenbart sich der Glaube eher als ein Rettungsring für Notlagen des Lebens, als ein Beiboot auf unserer Hochseereise, gewissermaßen als eine Rückversicherung.

Die fromme Verheißung der Bibel lautet, der Glaube könne Berge versetzen. Aber die persönliche Erfahrung vieler Menschen ist eher umgekehrt: Die Berge der erlebten und durchlittenen Probleme können den Glauben erdrücken und vernichten. In der neueren Zeit gab es immer neuen Widerspruch gegen die Glaubensvertröstungen der offiziellen Kirche mit ihren Hinweisen auf die Güte Gottes, die ausgleichende Gerechtigkeit im Jenseits, gegen ihren Dogmatismus, ihre Intoleranz, ihren Machtmissbrauch, ihre Doppelmoral bis hinauf in die römische Kurie. Großartige, Beispiel gebende Männer und Frauen der Kirche haben sich nicht selten mit ihrem Leben dafür eingesetzt, dass Glaube nicht nur Demut vor dem Unbegreiflichen, Unfassbaren bedeutet, sondern auch Protest gegen Ungerechtigkeit, Unterdrückung, Bevormundung und Intoleranz.

Haben die Kirchen, allen voran die altehrwürdige katholische, nicht jahrhundertelang daran mitgewirkt, den Glauben zu kompromittieren und zu diskreditieren? - So etwa lauten die Argumente der Vielen, die sich heute enttäuscht von den Kirchen abwenden. Was soll die kirchliche Frömmelei, was soll das ganze komplizierte theologische Lehrgebäude mit der Behauptung seines vorgeblichen Wissens von Gott und seinen Schöpfungsintentionen? - Reicht zur Orientierung im Leben und zur Errichtung einer wirklich menschenwürdigen Gesellschaft nicht ein aufgeklärter Humanismus, wie er beispielsweise von Erasmus von Rotterdam über die englische, französische und deutsche Aufklärungsbewegung bis in unsere Gegenwart vertreten wurde und wird? - Das jedenfalls ist die Meinung vieler Gebildeter unserer Zeit, für die christliches Bekenntnis nur das Relikt überwundener Epochen bedeutet.

Gewiss steckt darin zunächst eine dringliche Aufforderung zur Selbstreflexion. Es gibt unausweichliche Sachzwänge schon dadurch, dass wir unser Leben bestreiten müssen. Die meisten von uns sind ja auf Erwerbsarbeit angewiesen, um nur dieses banale Beispiel zu nennen. Aber es gibt ja auch selbst verordnete Zwänge in unserer Lebensführung, selbst suggerierte Wünsche nach Prestigekonsum, nach all dem, was angeblich unser Ansehen und damit unser Selbstwertgefühl steigert. „Man kann nicht mehr ausgeben, als man hat", das klingt heute wie eine altväterliche Maxime, da ein großer Teil der Gesellschaft seine überzogenen Konsumausgaben mit Krediten finanziert. Warum sollten sich Bürger denn anders verhalten als ganze Nationen, die globalisierte Wirtschaft und viele Banken? Politiker argumentieren mit ‚Sachzwängen', wenn es um soziale Einsparungen geht zum Nachteil von Kindern, Jugendlichen, Arbeitslosen, Kranken und Alten. Handelt es sich aber um aufwändige Prestigevorhaben, besonders vor Wahlen, spielen die Kosten nur eine untergeordnete Rolle. Der Begriff „alternativlos" wurde zum ‚Unwort des Jahres'.

Es wäre ein Missverständnis, wenn nun jemand glaubte, eine kritische Betrachtung dessen, was hier „Gotteskomplex" genannt wird, führe notwendigerweise zu Rückschritt, Bescheidenheitszwang oder plädiere für Verzicht. Nein, aber die kritische Reflektion legt den Gedanken an Askese nahe. Askese bedeutet eben zunächst nicht Entbehrung und Selbstkasteiung, sondern Einübung in kluge persönliche Lebensführung, die durchaus mit Lustgewinn verbunden sein kann.

Eine überfällige Verabschiedung vom Gotteskomplex setzt allerdings voraus, ihn überhaupt wahrzunehmen. Diese bisher nicht weit verbreitete Einsicht wäre wie eine Renaissance der Vernunft, eine Abkehr vom bloß Machbaren und platten Hedonismus zu einer humanitären, wirklich wünschenswerten Zukunft. Das kann nicht den Rückzug in ein ausschließlich privatistisches Glück bedeuten, sondern verpflichtet zum persönlichen Eintreten für ein sozial gerechtes Gemeinwesen, aber auch für ein tolerantes Miteinander über alle Grenzen hinweg: Ächtung von Krieg und Ausbeutung, solidarische Hilfe für die Benachteiligten und Notleidenden im eigenen Land und fernab auf der Erde, Verabschiedung von der Arroganz, unsere komfortable Lebensweise und Daseinsgestaltung – zum großen Teil erarbeitet durch Leistungen ausgebeuteter Menschen der sog.'Dritten Welt' - seien vorbildhaft.

Aber machen wir uns nichts vor. Wir sind weit entfernt vom Ideal einer toleranten und friedlichen oder gar glücklichen Weltgemeinschaft. Doch die Störenfriede sind keineswegs immer die anderen, die unseren Wohlstand bedrohen. Ob sich eines fernen Tages ein ‚Weltethos' entwickeln wird, liegt auch an uns selbst, nämlich daran, dass wir uns vom Irrglauben an die Allmacht des Menschen verabschieden. Bescheiden wir uns zunächst mit dem Einsatz von Vernunft und der Aktivierung unseres Gefühls für Solidarität auf die aktive Förderung einer wahrhaft menschlichen Gesellschaft. Diese Utopie, die der katholische Theologe Hans Küng mit seiner Forderung nach einem ‚Weltethos' vertritt, ist zu wichtig, um sie allein Politikern zu überlassen. Denn es geht um nichts weniger als um die Schöpfung, in der und von der die gesamte Menschheit lebt, es geht um den Erhalt dieser Schöpfung, unserer Lebensgrundlage, für die jeder von uns mitverantwortlich ist. Würde sich die Kirche zur unermüdlichen, unbeirrbaren und unüberhörbaren Fürsprecherin dieses Ziels machen, sie dürfte mit Anerkennung und neuem Zulauf rechnen.

In der Politik geht es um die ‚polis', die Gemeinschaft der Bürger, zuförderst um ihre Rechte und ihre Verantwortung für das Gemeinwohl. In diesem Sinn, meine ich, müsste Kirche ‚politischer' werden, nicht in vordergründiger Affinität zu ‚christlichen' Parteien, sondern mit der unbeirrbaren Reklamation unveräußerlicher Werte. Das Evangelium ist Sprengstoff auch für selbstgerechte und selbstzufriedene Demokratien; es scheint, als hätten die Kirchen ihm den Zünder entschärft.

Kein kritischer Christ wird die umfangreiche caritative Arbeit der Kirchen gering schätzen, denn sie verdient Anerkennung. All diese

Initiativen zielen auf Linderung existenzieller Not, die in dieser Welt unübersehbar zunimmt. Doch sollte wohlverstandene Caritas sich nicht damit begnügen. Es geht um die Überwindung von sozialem Elend! Kirchen können das aus eigener Kraft nicht erreichen, Vertröstungen auf ein besseres ‚Jenseits‘ wirken eher zynisch. Doch dringliche Ermahnungen zu sozialer Verantwortung der Politik dürfen nicht im Kirchenraum verhallen, sondern gehören in die Öffentlichkeit! Christsein hat eine politische Dimension. Sie überschreitet alle Parteigrenzen. Das ist es, was der katholische Theologe Hans Küng mit seiner Forderung nach ‚Weltethos‘ meint.

Nicht nur Freiheit, sondern zugleich Gerechtigkeit:

„Es muss für das nächste Jahrtausend ein Weg gefunden werden in eine Gesellschaft, in der die Menschen gleiche Rechte besitzen und in Solidarität miteinander leben: Weg mit den trennenden Unterschieden zwischen Armen und Reichen, zwischen Mächtigen und Machtlosen; weg von den Strukturen, die Hunger, Entbehrung und Tod verursachen; weg von der Arbeitslosigkeit von Millionen Menschen; weg von einer Welt, in der Menschenrechte verletzt und Menschen gefoltert und isoliert werden; weg von einer Lebensweise, in der moralische und ethische Werte unterhöhlt, wenn nicht gar verworfen werden. Notwendig ist eine soziale Weltordnung!"

Nicht nur Gleichheit, sondern zugleich Pluralität:

„Es muss für das nächste Jahrtausend ein Weg gefunden werden zu einer versöhnten Vielfalt der Kulturen, Traditionen und Völker in Europa: weg von den ausgrenzenden Trennungen, die durch rassische, ethnische und kulturelle Diskriminierung gefördert werden; weg von der Missachtung und Marginalisierung der Zwei-Drittel-Welt; weg von dem Erbe des Antisemitismus in unseren Gesellschaften und Kirchen und dessen tragischen Konsequenzen. Notwendig ist eine plurale Weltordnung!"

Nicht nur Brüderlichkeit, sondern Geschwisterlichkeit:

„Es muss für das nächste Jahrtausend ein Weg gefunden werden in eine neue Gemeinschaft von Männern und Frauen in Kirche und Gesellschaft, in der Frauen auf allen Ebenen gleichen Teil der Verantwortung tragen wie die Männer und in der sie ihre Gaben, Einsichten, Werte und Erfahrungen frei einbringen können; weg von den Trennungen zwischen Männern und Frauen in Kirche und Gesellschaft; weg von den ideologisch fixierten Rollen und Stereotypen für Männer und Frauen. Notwendig ist eine partnerschaftliche Weltordnung!"

Nicht nur Koexistenz, sondern Frieden:

„Es muss für das nächste Jahrtausend ein Weg gefunden werden in eine Gesellschaft, in der Friedensstiftung und die friedliche Lösung von Konflikten unterstützt werden, und in eine Gemeinschaft von Völkern, die solidarisch zum Wohl der anderen beitragen. Weg von Krieg und Ideologien, die das Göttliche in jedem Menschen missachten; weg von der Vergötzung sowohl der konkreten Strukturen der Gewalt wie des Militarismus; weg von den destruktiven Folgen der für die Rüstung heute ausgegebenen Riesensummen; weg von einer Situation, in der der Einsatz des Militärs oder die Drohung, es einzusetzen, notwendig erscheint, um die Menschenrechte zu bewahren oder durchzusetzen. Notwendig ist eine friedenfördernde Weltordnung!"

Nicht nur Produktivität, sondern Solidarität mit der Umwelt:

„Es muss für das nächste Jahrtausend ein Weg gefunden werden in eine Gemeinschaft der Menschen mit allen Kreaturen; weg mit der Trennung zwischen dem Menschen und der übrigen Schöpfung; weg von der Herrschaft des Menschen über die Natur; weg von einem Lebensstil und aus wirtschaftlichen Produktionsweisen, die die Natur schwer schädigen; weg von einem Individualismus, der die Integrität

der Schöpfung zugunsten privater Interessen verletzt. Notwendig ist eine naturfreundliche Weltordnung!"

(Zitate aus Küngs Buch „Projekt Weltethos", Piper).

Müssten diese zutiefst jesuanischen Forderungen nicht längst von der offiziellen Kirche aufgegriffen und unermüdlich in die Welt hinein gerufen werden? Wird Papst Franziskus es wagen? – Er wird es nicht schaffen, ohne dass wir selbst uns verändern!

VOM WAGNIS DES GLAUBENS

Oft genug wurde und wird der persönliche Glaube an Gott entweder als überkommenes Relikt oder aber als Wagnis bezeichnet. Der Mathematiker Pascal sah es nüchterner. In einem viel diskutierten Fragment über die ‚Wette' wendet er die Grundidee der Wahrscheinlichkeitsrechnung auf die Frage nach der Existenz Gottes an. Jeder kennt das Spiel mit der Münze: Nach dem Wurf zeigt sich entweder Bild oder Zahl, die Wahrscheinlichkeit für beides ist 50:50. Bei Pascals Wette geht es um die zwei Möglichkeiten: Entweder ist Gott - oder er ist nicht. Beides ist ungewiss. Pascal kommentiert: „Die Vernunft kann hier nichts bestimmen. Worauf wollen Sie setzen? Aus Gründen der Vernunft können Sie weder das eine noch das andere tun. Aus Gründen der Vernunft können Sie weder das eine noch das andere verbieten. Zeihen Sie also nicht die des Irrtums, die eine Wahl getroffen haben, denn Sie haben kein Wissen davon".

Dies ist der entscheidende Punkt: Man muss wählen, denn Nichtwählen wäre ja auch eine Wahl. Wie hoch aber ist der Einsatz? - Gestatten wir uns einen kleinen Umweg. Wöchentlich spielen Millionen Menschen bei Lotto und Toto. Ihr Einsatz ist im Normalfall kalkulierbar niedrig und verschmerzbar, der mögliche Gewinn ziemlich unwahrscheinlich, jedoch im Glücksfall beachtlich hoch. Wie aber steht es mit dem Einsatz bei Pascals Wette? - Ich orientiere mein Leben mit mancherlei Verzicht im Vertrauen auf Gott, doch das ist ein endlicher Einsatz. Gibt es Gott nicht, dann habe ich diesen Einsatz eines christlich orientierten Lebens vergebens geleistet und verloren. Gibt es Gott aber doch, so gewinne ich die Ewigkeit. Mit anderen Worten: Der persönliche Einsatz im Glauben an Gott ist relativ gering angesichts der Möglichkeit, eine verheißene, ‚ewige Glückseligkeit' zu gewinnen.

Ist das ein überzeugender Beweis, dass es sinnvoll sei, an die Existenz Gottes zu glauben? Selbstverständlich nicht, denn es kann für Gott ja gar keinen Beweis geben. „Einen Gott, den es gibt, gibt es nicht", hat der Theologe Dietrich Bonhoeffer mit Recht gesagt. Der zweite Einwand gegen Pascal greift tiefer. Selbst wenn es Gott gibt - ist es denn wirklich der Gott der Bibel, der Gott der Verheißung, ein liebevoller Freund und ‚Vater', dem ich vertrauen darf? - Das bleibt ungewiss. Aber Pascal meint etwas anderes, nämlich die vorbehaltlose, vertrauensvolle Hingabe als existenzielles Wagnis.

Glaube ist keine Gewissheit, sondern Überzeugung. Doch sollte er ein Wagnis sein, so setzt das Vertrauen voraus. Oft habe ich mich gefragt, woher eigentlich mein eigenes, relativ stabiles Selbstvertrauen kommt, denn es wurde auf harte Proben gestellt. Mit sechszehn Jahren erlebte ich den Tod meines Vaters, gleichzeitig als Luftwaffenhelfer den Krieg mit entsetzlichen Verheerungen und das Sterben einiger meiner Mitschüler und Freunde im Bombenhagel. Dann gab es eine schwere Verwundung im umkämpften Holland, ausgerechnet am Karfreitag 1945. Zwei Jahre lag ich im Lazarett, konnte wegen einer Gesichtsverletzung weder essen noch sprechen, weit entfernt von meiner Mutter in der sowjetischen Besatzungszone, der späteren DDR. Nach mehr als zwanzig gesichtschirurgischen Operationen wurde ich endlich entlassen und begann ein Studium in Bonn.

Ich heiratete. Unser erstes Kind starb schon nach wenigen Stunden an einer Lungenschwäche, zwei weitere Kinder folgten und entwickelten sich zu lebenstüchtigen Menschen. Dann starb meine Frau, einige Jahre später auch mein geliebter Sohn.

Die erhebliche Gesichtsverletzung hatte meine Berufspläne endgültig zerstört. Ich wollte ja Schauspieler werden und hatte die ‚Eignungsprüfung für den Bühnenberuf' am Dresdner Schauspielhaus schon erfolgreich bestanden.

Während der langen leidvollen Lazarettzeit gab es hinreichend Gelegenheit darüber nachzudenken, was Millionen Menschen in ganz Europa widerfahren war. In meinem liberal-bürgerlichen Elternhaus war Religion kein Gesprächsthema. Ja, ich war getauft, und das gleich doppelt. Meine Mutter brachte mich in einem katholischen Krankenhaus zur Welt, und da man dem schwächlichen Kind keine längere Lebenserwartung zutraute, tauften mich die besorgten Nonnen. Meine evangelische Mutter, die so gut wie nie einen Gottesdienst besuchte, war empört über die ‚katholische Anmaßung‘ und veranlasste sofort eine –für sie alleingültige– weitere Taufe durch einen evangelischen Pfarrer. Natürlich wurde ich dann auch konfirmiert, ohne dass mich dieser kirchliche Akt besonders beeindruckt hätte.

Nun aber, im Lazarett, bewegte mich die Frage, wie der allmächtige, angeblich gütige und liebende Gott all die Verwüstungen, die Millionen Gefallenen, Verwundeten, Verfolgten und Vergasten des Krieges und damit die Barbarei des Naziregimes zulassen konnte. Doch hatte Gott denn diesen wahnwitzigen Eroberungskrieg angezettelt, waren Zerstörung und Vernichtung etwa sein Werk? –

Neben mir im weitläufigen Schlafsaal lag ein bärtiger, abgemagerter, eher unscheinbarer Mann in vorgerücktem Alter, dem beide Unterarme amputiert waren. Da er noch keine Prothesen hatte, konnte er nicht selbstständig essen und musste gefüttert werden. Das übernahmen die Lazaretthelferinnen. Nachmittags gab es manchmal ein Stück Kuchen. Er konnte es nicht greifen, ich konnte es nicht kauen, also lag die gegenseitige Hilfe nahe. Ich steckte ihm Kuchen in den Mund, und er gab sich geduldig Mühe, mein nur schwer verständliches Lallen zu deuten. In wenigen Wochen entwickelte sich eine Freundschaft. Mein Nachbar war ein Kapuzinerpater, verwundeter Gefreiter der Wehrmacht. Nach einiger Zeit erzählte er mir, dass ihn der Verlust seiner Unterarme weitaus weniger bekümmerte als die Unmöglichkeit, nun die Hl. Messe mit der

Wandlung von Brot und Wein zu zelebrieren. Das sei nämlich ‚geweihten‘ Händen vorbehalten, die er ja verloren habe. Über seinen Bischof in Freiburg wäre ein Brief nach Rom geschickt worden mit der Bitte um eine Ausnahmegenehmigung, nämlich die Hostie künftig mit Prothesen anfassen zu dürfen. Ich verstand nicht, wie solch eine ‚Genehmigung‘ bei einem ordinierten Priester und langjährigem frommen Mönch überhaupt ein Problem sein könnte. Nach etwa zwei Monaten kam die Antwort aus Rom: Nein, eine Eucharistiefeier mit Prothesen sei nicht gestattet, aber der ‚Heilige Stuhl‘ erteile dem Kapuzinerpater seinen Segen und bete für ihn. Ich beobachtete in den nächsten Tagen, wie Pater Rupert, so hieß er im Orden, den schmerzlichen Brief immer wieder mit verschlossener Miene anstarrte. Schließlich bat er mich, ihn zu zerreißen und wegzuwerfen.

Und nun folgten einige Monate, in denen Pater Rupert und ich bei erträglichem Wetter täglich durch den Klostergarten unseres Notlazaretts spazierten und lange Gespräche führten. Inzwischen hatte ich mir intensive Sprechübungen verordnet, die mit Hilfe einer dürftigen Zahn- und Unterkieferprothese eine leidliche Verständigung ermöglichten. Es ging um Gott und Glauben, um den Sinn von Leben und Leiden. Pater Rupert hatte mir ein lateinisches Büchlein geschenkt, „De imitatione Christi“, also „Über die Nachfolge Christi“, geschrieben von dem Augustinermönch Thomas von Kempten im frühen 15. Jahrhundert. Es wurde mir zum Wegbegleiter bis heute.

Um es abzukürzen: Die tiefen Gespräche und Erlebnisse mit Pater Rupert, die Überzeugungskraft seines Glaubens und sein Vorbild führten dazu, dass ich schließlich zum Katholizismus konvertierte und zum dritten Mal getauft wurde. Das hat nun bis heute gehalten,

Wieso aber trotz mancher Vorbehalte ein Übertritt zum Katholizismus? - Hätte ich mich nicht auch zur evangelischen Konfession bekennen können, der ich doch, wenigstens formal, angehörte? – Der Augustinermönch Luther beeindruckte mich sehr. Er wollte ja gar keine Spaltung, sondern eine Reform der sich anmaßend gebärdenden Kirche, eine Rückbesinnung auf die Evangelien und die in seiner Schlichtheit überzeugende Figur des Jesus Christus. Der theologische Streit des 16. Jahrhunderts interessierte mich damals zunächst wenig. Was mich an der katholischen Kirche anzog, war ihre überwältigende Kulturleistung über die Jahrhunderte, die bis heute in Architektur und Kunstwerken zu bewundern ist. Die Düsternis mancher gotischer Dome erschreckte mich, doch dann entdeckte ich die üppige, sinnliche Pracht des süddeutschen Barock, die breite Palette der Farben, die Lust an prallen Formen – angesichts der tristen Nachkriegswelt in Deutschland wie ein Vorgeschmack himmlischer Freuden.

In meinen Erinnerungen an die spärlichen Gottesdienstbesuche meiner ‚evangelischen' Kinderjahre standen schwarz gekleidete, Respekt gebietende evangelische Pfarrer, natürlich hoch auf der Kanzel, mit langen, oft ermüdenden und pathetischen Predigten. Fürs Auge gab es wenig bis nichts. Anders in katholischen Gotteshäusern. Die Priester wechselten ihre farbigen Gewänder nach den kirchlichen Festen, die eigentliche Eucharistiefeier fand zu meiner Konversionszeit in lateinischer Sprache statt. Als ehemaliger Gymnasiast verstand ich das einfache Kirchenlatein, doch auch wenn man es nicht verstand: Jeder Katholik auf der ganzen Erde wusste ohnehin, was am Altar geschah. Die griechische Wurzel von „katholisch" war mir bekannt, nämlich „katholikos" oder „katholon", das Ganze umfassend, für mich der sinnvolle Begriff für eine weltweite Glaubensgemeinde.

Das Zweite Vatikanum hat die traditionelle Messfeier positiv verändert. Der Priester zelebriert mit dem Gesicht zur Gemeinde, die Texte werden in der jeweiligen Muttersprache gelesen, aber auch lateinische Messen sind noch erlaubt.

Allerdings nur mit größten Bedenken konnte ich mich auf das Institut der Ohrenbeichte einlassen. Pater Rupert hatte sie mir vor meiner Konversion in der Klosterkirche des Lazaretts von Gescher in Westfalen nahegelegt. Er verstand meine Vorbehalte und fragte mich, ob ich mir vorstellen könnte, etwa meinem (schon 1943 verstorbenen) Vater im Gespräch alles anzuvertrauen, was mich an Zweifeln, Sorgen und Verfehlungen bewegte. Ja, meinem Vater schon, dachte ich, abends, unter vier Augen, in seinem mir vertrauten ‚Herrenzimmer‘. Doch einem fremden Priester gegenüber, kniend in einem ‚Beichtstuhl‘? – „Nein, nicht vor einem fremden Priester", beschwichtigte mich Pater Rupert, „sondern bei mir. Aber nicht vor mir kniest du, sondern vor Gott. Und nicht ich verzeihe dir, sondern der Herr durch mich".

Zuvor hatte ich in der spärlichen Klosterbibliothek einen ziemlich abgegriffenen Band „Moraltheologie" entdeckt und an mich genommen, eigentlich ein Lehrbuch für junge Theologen, um sich auf die spätere Beichtpraxis vorzubereiten. Weite Passagen waren in Latein geschrieben, für mich die spannendsten. Denn darin ging es nahezu ausschließlich um Sexualität, um ‚unkeusche Gedanken‘, um ‚Selbstbefleckung‘, um ‚Fleischeslust‘. Und natürlich war ‚so etwas‘ durchaus auch mein Problem. Konnte ich das wirklich Pater Rupert anvertrauen? –

Eines Spätnachmittags war es dann soweit. Pater Rupert führte mich in die Kapelle. Ich kniete mich in den Beichtstuhl und sah das vertraute Gesicht durch ein Holzgitter nur noch wie einen Schattenriss. Ich empfand durchaus die Pflicht, nun irgendetwas zu beichten, aber mir fiel eigentlich nichts ein. Pater Rupert hatte von innen seinen Kopf an das Gitter gelehnt und schwieg geduldig. Ich wollte ihn nicht enttäuschen. War er nicht mein inzwischen vertrauter, geradezu väterlicher Freund geworden? – Und so sagte ich mit leiser Stimme, dass ich mir oft eine Freundin gewünscht hätte, eine reizvolle junge Frau etwa wie Schwester Evelyn aus dem Lazarett. Besonders abends im Bett stellte ich mir lebhaft eine innige

Umarmung vor, und da niemand für mich da war, masturbierte ich eben. Und das sei doch eine Sünde! –

Nie werde ich vergessen, was Pater Rupert erwiderte. Ob ich denn Gott langweilen, ja geradezu beleidigen wollte mit der Beichte solcher Kindereien?! Der Herr selbst habe uns ja mit der Sexualität ausgestattet, sie sei der körperliche Ausdruck unserer Sehnsucht nach Liebe. Gott aber sei die Liebe. Daran zu zweifeln wäre Sünde, und ausschließlich darum solle ich nun um Verzeihung bitten.

Das Geständnis der eigenen Glaubensschwäche und Fehlbarkeit ist der Sinn der Beichte. Sie wird im kirchlichen Raum kaum noch praktiziert, aber das Geständnis eigener Zweifel und existenzieller Ängste hat nach wie vor eine kaum überschätzbare Bedeutung. Sie ist unter verständnisvoller Führung Seelsorge, im säkularen Bereich nennt man die Anleitung zu einer solchen Öffnung des eigenen Innenraums Psychotherapie. Und davon wird noch zu reden sein.

Warum erzähle ich aber so ausführlich von Biographischem? – Gehört das zum Thema ‚Zweifel und Wagnis‘? – Doch ist denn Glaube nicht stets eine ganz persönliche Entscheidung, falls man nicht einfach in ihn hineingeboren wird? – Ich wurde jedenfalls nicht ‚hineingeboren‘. Doch wenn ich mich an meine Kindheit erinnere, so spüre ich noch heute die bedingungslose Liebe meiner Eltern zu ihrem einzigen Sohn, verwöhnend und manchmal auch erdrückend die hingebungsvolle Liebe meiner Mutter, mich stolz überschätzend die Zuneigung meines Vaters. Abends las er mir häufig aus Romanen von Dostojewskij vor, eben auch die Geschichte vom Großinquisitor. Natürlich verstand ich als Zehnjähriger so gut wie nichts davon, aber ich genoss die vertrauliche Nähe meines Vaters und auch die der so seltsam gebrochenen Figuren beispielsweise der „Brüder Karamasow“, die ich lieben lernte. Gott und der Kirche begegnete ich also in Gestalt der russischen Orthodoxie. Ich ahnte damals, dass das Leben eines Menschen in ebenso leidenschaftlichen wie leidvollen Bahnen verlaufen kann, dass aber viele Menschen, wenn auch in oft verschrobener Weise, auf Gott als ihren verlässlichen Hüter und Herrn vertrauen. Heute weiß ich, dass auch mein Vater zu den verzweifelten Sinnsuchern gehörte. Er war liberaler Antifaschist und wurde von den Nazis kurzfristig eingesperrt, obwohl sich sein politischer Widerstand auf die geballte Faust in der Tasche beschränkte. Und so seltsam es mir im wahrscheinlich idealisierenden Rückblick auch erscheinen mag: Durch meinen Vater entstand in mir ein Bild von Gott, der unter seiner Schöpfung litt, unter der Barbarei dieser Zeit, unter der Unverschämtheit, mit der sich manche Diktatoren wie auch Hitler auf ihn beriefen, unter der Schamlosigkeit, mit der Menschen, seine Geschöpfe, ihre grauenvolle Unmündigkeit zur Schau stellten. Heute denke ich, mein Vater litt unter seinem eigenen Gottesbild, und ich liebe ihn wohl eben deshalb noch mehr.

Was will ich mit all dem sagen? – Nichts anderes, als dass die Liebe und das Vertrauen meiner Eltern das Fundament meines kaum je ernsthaft erschütterten Selbstvertrauens gelegt haben – diese leibhafte Liebe, nicht der Glaube an einen Gott, schon gar nicht an Jesus Christus oder eine ‚Wahrheit' evangelischer Verkündigung. Selbstvertrauen ist, wie Sigmund Freud es beschrieben hat, ‚Ich-Stärke' zur Abwehr überfordender Ansprüche des ‚Über-Ich', und Kraft zum kritischem Umgang mit dem mächtigen Triebarsenal des ‚Es'. Auf die Frage, was denn die eigentliche Absicht der manchmal langwierigen und anstrengenden Bemühungen seiner Therapie sei, antwortet Freud am Ende der 31. seiner „Vorlesungen zur Einführung in die Psychoanalyse": „Ihre Absicht ist, das Ich zu stärken, es vom Über-Ich unabhängiger zu machen, sein Wahrnehmungsfeld zu erweitern und seine Organisation auszubauen, so dass es sich neue Stücke des Es aneignen kann. Wo Es war, soll Ich werden. – Es ist Kulturarbeit wie die Trockenlegung der Zuydersee".

Man kann in diesen Sätzen den Begründungsversuch einer humanitären Koordinierung und Stabilisierung unserer

Persönlichkeit sehen. Es ist ganzheitliche Heilung, wie sie auch ein religiöser Glaube vermitteln kann.

Die europäische Aufklärung hat, nicht ohne Bezug auf antike Philosophie, eine Ethik vor und außerhalb aller Religion entwickelt. Dazu gehört Kants ,kategorischer Imperativ': „Handle so, dass die Maxime deines Willens jederzeit zugleich als Prinzip einer allgemeinen Gesetzgebung gelten könne." Und an anderer Stelle: „Handle so, dass du die Menschheit sowohl in deiner Person, als in der Person eines jeden anderen jederzeit zugleich als Zweck, niemals bloß als Mittel brauchst." Das klingt recht formal, denn über den Inhalt der Handlungen wird nichts gesagt, daher auch die Kritik u.a. von Hegel und Schopenhauer.

Karl Marx weitet den Kategorischen Imperativ zu einem revolutionären Prinzip aus. Für ihn mündet die Forderung Kants in die „Lehre, dass der Mensch das höchste Wesen für den Menschen sei, also mit dem kategorischen Imperativ alle Verhältnisse umzuwerfen, in denen der Mensch ein erniedrigtes, ein geknechtetes, ein verlassenes, ein verächtliches Wesen ist", ergänzt durch die Forderung, für Verhältnisse einzutreten, „worin die freie Entwicklung eines jeden die Bedingung für die freie Entwicklung aller ist".

Marxismus und Kommunismus waren und sind überzeugt von einem möglichen Fortschritt der menschlichen Vernunft bis hin zur Utopie einer wirklich humanitären Weltgemeinschaft, falls die ökonomischen Verhältnisse radikal im Sinn sozialer Gerechtigkeit zu einer ,klassenlosen Gesellschaft' revolutioniert würden. Bei Marx ist zu lesen: „Es ist nicht das Bewusstsein der Menschen, das ihr Sein, sondern umgekehrt ihr gesellschaftliches Sein, das ihr Bewusstsein bestimmt."

Dieser psychologisch bedenkenswerte Satz vernachlässigt allerdings die menschlichen Grenzsituationen, die von Sinnfragen oder gar Sinnverlust beherrscht werden. Es geht um Krankheit und Tod, um Leid und Elend, um die Frage nach dem Sinn des Lebens, nach der Existenz der Seele, um das Problem einer metaphysischen ‚Instanz‘, letztlich um die Frage nach Gott. Sich auf sie einzulassen, bedeutet Wagnis.

Nein, ich wurde nicht Dominikaner, nicht Domprediger in Köln, wie ich es mir nach dem Krieg im Kloster Walberberg erträumte. Doch nach meinem Studium und mancherlei beruflichen Umwegen bin ich doch so etwas wie ein ‚Seelsorger‘ geworden, nämlich analytisch orientierter Psychotherapeut.

EXISTIERT GOTT?

Ist das nicht eigentlich die zentrale Frage unseres Lebens?

Descartes befasste sich mit Gottesbeweisen, aber nicht mehr mittelalterlich von der Gottesgewissheit zur Selbstgewissheit des Menschen, sondern neuzeitlich von der Selbstgewissheit zur Gottesgewissheit. Hans Küng weist in seinem Buch „Existiert Gott?" darauf hin, dass damit Sprengstoff gelegt ist an die jahrhundertelang behauptete Synthese zwischen Vernunft und Glauben, Natur und Gnade, Philosophie und Theologie. Sprengstoff auch an die mittelalterliche Selbstverständlichkeit, dass die Vernunft dem Glauben unterzuordnen sei, die Philosophie der Theologie, der Staat der Kirche.

Der „Discours de la méthode" von Descartes beginnt mit dem kühnen Satz: „Der gesunde Menschenverstand ist die am besten verteilte Sache der Welt". Das empfinden wir Heutigen wohl eher als ironisch. Doch Descartes vertraut mit seinem „Cogito, ergo sum", „Ich denke, also bin ich", auf das Bewusstsein. Wo aber bleiben Wollen und Fühlen, wo Phantasie und Gemüt, Emotionen und Passionen, die ihre eigene Wirklichkeit haben, oft im Widerspruch zur Ratio? - Dem cartesischen Denkgebäude fehlt eine ganze Dimension menschlicher Existenz. Die von ihm konstruierte Brücke zwischen Wissen und Glauben trägt nicht.

Wenden wir uns also wieder dem Zeitgenossen von Descartes zu, nämlich Blaise Pascal. Descartes hatte die Seele mit dem Bewusstsein gleich gesetzt und alle ihre Funktionen auf das Denken zurückgeführt. Pascal jedoch erkannte: Die Vernunft allein genügt nicht. Nichts gegen die Logik – aber gibt es nicht auch den Instinkt? – Nichts gegen den grundsätzlichen Zweifel, aber gibt es nicht auch die Verzweiflung? – Pascal schreibt: „Die gewohnt sind, (nur) auf Grund des Gefühls zu urteilen, verstehen nichts von den Dingen der schlussfolgernden Vernunft. Und die anderen, die im Gegensatz dazu gewohnt sind, (nur) auf Grund von Prinzipien zu schlussfolgern, verstehen nichts von den Dingen des Gefühls". Dem ‚raisonnement' steht das ‚sentiment' gegenüber, der Vernunft das Gefühl, oder schlichter noch: dem Kopf das Herz.

Vom Zweifel am Glauben und vom Wagnis des Glaubens ist noch einmal zu sprechen. Wenn ich ein Wagnis eingehe, so setzt das allemal mein Vertrauen in diesen persönlichen Entschluss voraus. Also geht es nicht letztlich um die Frage, ob Gott existiert und was das für mich bedeutet? –

Bertold Brecht hat die "Geschichten von Herrn Keuner" geschrieben. Darin ist zu lesen: „Einer fragte Herrn Keuner, ob es einen Gott gäbe. Herr Keuner sagte: 'Ich rate dir nachzudenken, ob dein Verhalten je nach der Antwort auf diese Frage sich ändern würde. Würde es sich nicht ändern, dann können wir die Frage fallen lassen. Würde es sich ändern, dann kann ich dir wenigstens soweit behilflich sein, dass ich dir sage, du hast dich schon entschieden - du brauchst einen Gott'".

Wen die Frage nach der Existenz Gottes wirklich bewegt, der sucht etwas Sinngebendes für eine Welt, die sich in ihrer vorherrschenden Säkularität anscheinend selbst genug ist, aber vielen und zunehmend jungen Menschen eben nicht mehr genügt. Es gibt ein Verlangen nach verlässlichen Wertmaßstäben, nach Prioritäten und Idealen, für die sich zu leben lohnt. Zeugnisse dafür finden sich heute zunächst in religiösen Wellen wie den Jesus-Movements, den vielen charismatischen Bewegungen bis zum Interesse an orientalischen Religionen, an Mystik. Esoterik, Astrologie und schließlich dem Aberglauben. Andererseits kann man das Bedürfnis nach neuem Lebenssinn auch in den mannigfachen Menschenrechts- und Bürgergruppierungen erkennen, die sich gegen die Armut in der Welt, für soziale Gerechtigkeit und den Erhalt der Natur einsetzen.

Der eindimensionale Mensch sucht, oft unbewusst und vergeblich, nach einer anderen, ihn erweiternden Dimension. Und noch einmal Pascal, vor 350 Jahren: „Nichts ist dem Menschen so unerträglich wie ohne Leidenschaften zu sein, ohne Geschäfte, ohne Ablenkung, ohne Aufgabe. Dann fühlt er sein Nichts, seine Verlorenheit, sein Ungenügen, seine Abhängigkeit, seine Ohnmacht, seine Leere. Unversehens steigt da vom Grund seiner Seele die Langeweile herauf, die Melancholie, die Traurigkeit, der Gram, der Überdruss, die Verzweiflung".

1950 beschrieb der österreichische Psychiater Viktor Frankl dieses Lebensgefühl als ,existenzielle Frustration' oder auch als ,Sinnlosigkeitssyndrom'. Im Grunde ist es nicht erstaunlich, dass dieses Phänomen heute in den psychotherapeutischen Praxen so häufig erscheint. Denn eine so ausgeprägt materialistische und hedonistische Konsumgesellschaft wie die unsere kann eben nur sehr schwer einen tragfähigen Sinn finden und vermitteln. Allerdings: Wer diesen existenziellen Mangel in sich spürt, ist schon am Anfang des richtigen Weges, nämlich auf der Suche nach einer anderen Dimension seines Lebens. Es ist die Suche und vielleicht die Sehnsucht nach Transzendenz, nach einem Sinn, der jenseits der Erscheinungswelt vermutet wird. Liegt hier nicht das entscheidende Motiv einer wie auch immer gearteten religiösen Überzeugung, also eines Glaubens?

Solche Überlegungen sind gleichermaßen fremd für die Gedankenlosen wie die meisten vom Glück Verwöhnten, nicht aber für diejenigen, die ihre Existenz als ungesichert empfinden, die leiden unter der Not ganzer Kontinente und der Ungerechtigkeit, den Armen und Unterdrückten, den Vertriebenen, den Hungernden, den Kriegsopfern in aller Welt gegenüber. Welcher Wahnwitz der Aufrüstungen angesichts des Hungers auf der Erde! Welch hemmungslos kapitalistischer Egoismus, der gedankenlos die Natur ausbeutet, das ökologische Gleichgewicht und damit unsere Lebensgrundlage zerstört! Wenn Gott wirklich existiert, wie kann er den unerhörten Reichtum weniger, den relativen Wohlstand einer Mittelschicht und die existenzielle Not so vieler Menschen zulassen? - Wo war Gott beim Abwurf der ersten Atombomben? Wieso lässt er Terroranschläge mit zahllosen Toten und verkrüppelten Opfern zu? Kümmert ihn das Sterben unschuldiger Kinder? Wo ist seine Gerechtigkeit? - Vor allem aber: Wo ist seine Liebe und sein Erbarmen? – Existiert er denn überhaupt, der angeblich allwissende, gütige, liebevolle Gott der Monotheisten?

Durch viele Jahrhunderte gab es immer wieder Protest gegen die Glaubensvertröstungen der offiziellen Kirche mit ihren Hinweisen auf die ausgleichende Gerechtigkeit im Jenseits.

Versuchen wir zu verstehen, wie durch humanistisches und schließlich sozialistisches Pathos Gott in weite Ferne rückte und zu einem Feiertagsrequisit verkam. Unsere Überlegungen sollen mit Ludwig Feuerbach beginnen, der seine persönliche Entwicklung mit einem einzigen Satz kennzeichnete: „Gott war mein erster Gedanke, die Vernunft mein zweiter, der Mensch mein dritter und letzter Gedanke". Er schrieb: „Ich wusste, was ich sollte und wollte: nicht Theologie, sondern Philosophie! Nicht faseln und schwärmen, sondern lernen! Nicht glauben, sondern denken!" Und schließlich Feuerbachs dritter und letzter Gedanke: der Mensch. Der Hegelianer wird zum Atheisten. Statt unsterbliches Leben in einem Jenseits ein neues Leben hier und heute; statt unsterblicher Individuen tüchtige, an Geist und Leib gesunde Menschen! Und Feuerbach formuliert es so: „Die Aufgabe der neueren Zeit ist die Verwirklichung und Vermenschlichung Gottes - die Verwandlung und Auflösung der Theologie in die Anthropologie". Zweifellos kannte Feuerbach den Sophisten Protagoras aus dem 5. vorchristlichen Jahrhundert. Protagoras hatte den für das klassische Griechenland, aber auch noch für uns heutige Christen alarmierenden Satz formuliert: „Der Mensch ist das Maß aller Dinge".

Feuerbach war Mitarbeiter an den „Hallischen Jahrbüchern", dem ab 1838 erscheinenden publizistischen Sammelbecken der Junghegelianer. Die Zeitung bot Feuerbach ein willkommenes Forum, um in die geistig-ideologischen Auseinandersetzungen der Restaurationszeit einzugreifen.

Die heftige Polemik gegen die als rückwärtsgewandt und unredlich kritisierte „Christentümelei" der Restauration veranlasste ihn, dem Phänomen Religion auf den Grund zu gehen. Zwei Jahre lang, von 1839 bis 1841, arbeitete er an seinem Hauptwerk „Das Wesen des Christentums". Das Buch erschien im Frühjahr 1841 und machte Feuerbach schlagartig berühmt.

Doch was ist jetzt mit Gott? - Feuerbach antwortet: „Der Gott des Menschen ist sein eigenes Wesen". Homo homini deus - der Mensch ist der Gott des Menschen; das ist das ganze Geheimnis der Religion. Die Konsequenz: Nicht Gott schuf den Menschen, sondern der Mensch entwarf sich Gott nach seinem eigenen Bild. Es handelt sich um die ‚Projektionstheorie', obgleich Feuerbach diesen Begriff nicht gebraucht hat. Ist das nicht schon eine Vorwegnahme der Ansicht von Sigmund Freud?

Der evangelische Theologe Paul Tillich beschäftigte sich mit diesem Projektionsvorwurf, so z. B. in einer Besprechung des Buches „Psychoanalyse und Religion" des Analytikers Erich Fromm. Nach Tillich werden dabei zwei Dinge miteinander verwechselt: „Das, was projiziert wird, und das, worauf es projiziert wird, also das ‚Bild' und die ‚Projektionswand'. Es kann kein Zweifel darüber bestehen, dass, bildlich gesprochen, der Stoff, aus dem die Götter gebildet wurden, menschlichen Erfahrungen entstammt. Gute und böse Erfahrungen der Kindheit (Gott - der ‚Vater') und des späteren Lebens waren dabei am Werke. Das bedeutet keineswegs, dass die ‚Projektionswand', dass also Gott, der letzte Grund alles Seins und Sinns, Grund und Ziel unserer Existenz, selbst eine Projektion ist".

Friedrich Nietzsche beschreibt das Problem in seiner „*Fröhlichen Wissenschaft*" so:

„Gott liebt uns weil er uns erschuf! -
‚Der Mensch schuf Gott!' - sagt darauf ihr Feinen.
Und soll nicht lieben, was er schuf?
Solls gar, weil er es schuf, verneinen?
Das hinkt, das trägt des Teufels Huf".

So provozierend diese Projektionstheorie auch für konservative Gemüter klingen mag, für sie spricht die Darstellung der Bibel mit ihren Aussagen über Gott. Immerzu trägt dieser biblische Gott menschliche Züge: Er liebt, er hasst, er straft, er belohnt, er ist eifersüchtig, er verzeiht und verspricht. Er hat alle Eigenschaften des Menschen, und gerade deshalb ist er dem Gläubigen so nahe.

Aber es geht Feuerbach wie auch Karl Marx nicht um Destruktion des Glaubens, sondern er verneint, um zu bejahen. In diesem Sinn trieb Feuerbach schon 1843 eine revolutionäre politische Theologie: „Übrigens bleibe ich dabei. Die Theologie ist für Deutschland das einzig praktische und erfolgreiche Mittel der Politik, wenigstens zunächst. Der Zweck meiner Schriften, so auch meiner Vorlesungen, ist, die Menschen aus Theologen zu Anthropologen, aus Theophilen zu Philanthropen, aus Kandidaten des Jenseits zu Studenten des Diesseits, aus religiösen und politischen Kammerdienern der himmlischen und irdischen Monarchie und Aristokratie zu freien, zu selbstbewussten Bürgern der Erde zu machen".

Diese Gedanken Feuerbachs, vor mehr als 150 Jahren niedergeschrieben, sind aktuell wie eh und je. Kein Atheismus seither, der nicht von diesen Argumenten zehrte.

Hans Küng formuliert die ebenso kritischen wie ernsten Fragen Feuerbachs an Religion und Theologie: „Verteidigten Kirche und Theologie Gott nicht vielfach auf Kosten des Menschen, das Jenseits auf Kosten des Diesseits? Zieht sich nicht eine breite Tradition der Natur- und Leibesabwertung durch die ganze Geschichte des Christentums? Eine Abwertung gerade des leibhaft-sinnlichen Menschen - und besonders der Frau - zugunsten Gottes? Ein sinnenfeindlicher Spiritualismus, der sich in einer von Jesus selbst nicht gedeckten strengen Entsagung und Erniedrigung des Menschen vor Gott, ja oft in einer Vernachlässigung und Züchtigung des Körpers und einer Ablehnung von Eros und Sexus äußerte? Alles in allem eine Vernichtung des Ich statt der Zuwendung zum Du, eine Askese auf Kosten des Menschlichen und Mitmenschlichen?"

Feuerbachs revolutionäre Kritik am christlichen Glauben zugunsten humanitärer Anthropologie wird von Karl Marx auf originelle Weise weiter entwickelt. Für Feuerbach waren Religion, Theologie und Atheismus noch Gegenstand intensiver Auseinandersetzung. Für Marx aber ist der Atheismus nun eine nicht mehr zu diskutierende Selbstverständlichkeit geworden. Marx wörtlich: „Die Religion ist die allgemeine Theorie dieser Welt, ihre feierliche Ergänzung, ihr allgemeiner Trost und Rechtfertigungsgrund. Die Religion ist der Seufzer der bedrängten Kreatur, das Gemüt einer herzlosen Welt, wie sie der Geist geistloser Zustände ist; sie ist das ‚Opium des Volkes', vom Volk freiwillig eingenommen zur Linderung des Elends". Lenin wird später schreiben, Religion sei das Opium für das Volk, also von den Herrschenden bewusst an die Unterdrückten verabreicht. Und damit knüpft er - wahrscheinlich unbewusst - an den Sophisten Kritias an. Der schrieb schon fünf Jahrhunderte vor Christus sinngemäß, die Götter und die Religion seien eine Erfindung der Mächtigen und Besitzenden, um das gemeine Volk zu disziplinieren, ihm Angst und Schrecken einzujagen, damit es die Gesetze befolgt, auch wenn keine Polizei in Sicht ist. Ein Zitat von Lenin: „Die Religion ist eine Art geistigen Fusels, in dem die Sklaven des Kapitals ihr Menschenantlitz und ihre Ansprüche auf ein halbwegs menschenwürdiges Leben ersäufen. Durch die Fabrik der

Großindustrie erzogen und durch das städtische Leben aufgeklärt, wirft der moderne klassenbewusste Arbeiter die religiösen Vorurteile mit Verachtung von sich, überlässt den Himmel den Pfaffen und bürgerlichen Frömmlern und erkämpft sich ein besseres Leben hier auf Erden".

Wer sich intensiver mit Marx beschäftigt - es ist mit einiger Mühe verbunden, die aber inzwischen auch namhafte Theologen aufgewendet haben - , wer also Marx sorgfältig liest, der wird sich dem humanistischen, sozialrevolutionären Pathos seiner Analysen nicht leicht entziehen können. Seine Kritik trifft das Versagen der Kirchen im 19.Jahrhundert, zielt auf eine zutiefst verbürgerlichte, autoritätshörige Gesellschaft, der die herrschende Religion eine Religion der Herrschenden ist und wesentlich der Rechtfertigung sozialer Unterdrückung dient. Als Erwiderung auf den sozialreformerischen Artikel eines preußischen Beamten schrieb Marx: „Die sozialen Prinzipien des Christentums haben jetzt achtzehnhundert Jahre Zeit gehabt, sich zu entwickeln, und bedürfen keiner ferneren Entwicklung durch preußische Konsistorialräte. Die sozialen Prinzipien des Christentums haben die antike Sklaverei gerechtfertigt, die mittelalterliche Leibeigenschaft verherrlicht und verstehen sich ebenfalls im Notfall dazu, die Unterdrückung des Proletariats zu verteidigen, wenn auch mit etwas jämmerlicher Miene. Die sozialen Prinzipien des Christentums predigen die Feigheit, die Erniedrigung, die Unterwürfigkeit, die Demut, kurz alle Eigenschaften der Kanaille; und das Proletariat, das sich nicht als Kanaille behandeln lassen will, hat seinen Mut, sein Selbstgefühl, seinen Stolz und seinen Unabhängigkeitssinn noch viel nötiger als sein Brot. Die sozialen Prinzipien des Christentums sind duckmäuserig, und das Proletariat ist revolutionär".

Den scharfen, wenn auch einseitigen Analysen von Marx und Engels lässt sich nicht grundsätzlich widersprechen, ihren Konsequenzen aber sehr wohl. Und wir werden Gründe dafür nennen. Die Kirchen jedenfalls sahen lange Zeit nur die Gefahren eines ‚Sozialismus‘. Der selig gesprochene Papst Pius IX. veröffentlichte 1864 den sog. Syllabus, ein Verzeichnis von achtzig "hauptsächlichen Irrtümern unserer Zeit", wie es damals hieß. Und diese Irrtümer bestanden nach Pius IX. u.a. in den großen philosophischen Denkgebäuden des Naturalismus und des Rationalismus, was ja nicht weniger bedeutet als eine Absage an die gesamte europäische Aufklärung. Doch sie, diese ‚Irrtümer', umfassten auch politische Gesellschaftslehren wie Sozialismus und Kommunismus. In einer Erklärung des I.Vatikanums von 1870 liest man: „Wer sagt, der eine und wahre Gott, unser Schöpfer und Herr, könne mit dem natürlichen Licht der menschlichen Vernunft durch das, was geschaffen ist, nicht mit Gewissheit erkannt werden, der sei verdammt." Damit wären aber alle herausragenden Naturforscher aus Geschichte und Gegenwart ‚verdammt‘. Denn trotz überwältigender Erkenntnisse der modernen Astronomie und Astrophysik, der Gen-, Hirn- oder Kernforschung ergaben sich keine zwingenden Hinweise auf die Existenz Gottes.

Das Ganze wurde schließlich überhöht durch das Dogma von der päpstlichen Unfehlbarkeit, verkündet von eben diesem Papst auf dem 1.Vatikanischen Konzil 1870. Doch können Glaubensansichten also persönliche Überzeugungen, je unfehlbar sein?

1848 war das „Kommunistische Manifest" veröffentlicht worden. Erst dreißig Jahre später, 1878, veröffentlichte Papst Leo XIII. seine Enzyklika gegen die ‚Pest des Sozialismus‘. Dieser beabsichtige den Umsturz der Gesellschaft, verneine Gesetz, Autorität, alle Unterordnung und natürliche Ungleichheit, ja sogar eheliche Bindung und Eigentumsrecht - also müsse er „mit der Wurzel" ausgerottet werden. 1891 entschloss sich der Pontifex zu einer Sozialenzyklika mit dem Titel "Rerum novarum", also mehr als 40 Jahre nach dem alarmierenden Erscheinen des „Kommunistischen Manifestes". Mag sein, dass es, wie oft behauptet, im winzigen Vatikanstaat ein anderes Zeitmaß gibt als in der übrigen Welt. . .

Ist Marxismus notwendigerweise Atheismus? - Die 'Klassiker' , also außer Marx auch Engels, Lenin und Stalin, beantworten das uneingeschränkt mit Ja. Doch in vielen Ländern der Erde finden wir heute einen revidierten Marxismus. Beispielsweise in Südamerika hat sich die elende Lage der Arbeiterschaft und vor allem der Landbevölkerung in den letzten Jahrzehnten kaum verändert. Nicht erstaunlich, dass sich dort aktive Christen, Laien wie Priester, unter ihnen der brasilianische Erzbischof Helder Camara, den ich bei einer Fernsehreportage persönlich kennenlernte, für einen sozialen Marxismus einsetzen. In Italien wurde auf einer Versammlung von Arbeiterpriestern die 'Internationale' gesungen, weil der 'Christus der Fabriken' ein anderer sei als der 'Christus der Kurie'. In Italien, Spanien, in Lateinamerika vereinigten sich immer wieder Christen und Marxisten in Widerstandsbewegungen gegen soziale Ungerechtigkeit und kapitalistische Ausbeutung. So folgert Hans Küng in seinem Buch: Trotz aller Ermahnungen der Kirchen, ein Christ kann Marxist sein. Und trotz aller Vorbehalte der Marxisten: ein Marxist kann durchaus Christ sein. Der sozialrevolutionäre Anspruch des ursprünglichen Christentums ähnelt durchaus den sozialrevolutionären Intentionen des Marxismus. Und beide weltanschaulichen Systeme unterliegen denselben Entartungen: Hier die heiligen Texte der Bibel, dort die der kommunistischen ‚Evangelisten' Marx, Engels und Lenin. Hier das unfehlbare Lehramt des Papstes, dort das der Partei. In beiden Systemen ist ein Abweichen von der reinen Lehre nicht erlaubt, Kritiker wurden und werden als Häretiker verfolgt. Das Lehramt der Kirche und das des Parteibüros verstehen sich als 'Säule und Grundfeste der Wahrheit', als Bollwerk der Orthodoxie. Beide Systeme wollen ihre einzig wahre und allein seligmachende Lehre missionarisch über alle Welt ausbreiten, denn außerhalb gibt es angeblich kein Heil. In beiden Systemen wird blinde Gefolgschaft gefordert, in beiden kennt man kultische Verehrung der großen Führer. Nicht nur böse Zungen behaupten, der alte sowjetische Kommunismus und der römische

Katholizismus befehdeten sich deshalb so erbittert, weil sie sich so ähnlich seien.

Hans Küng hat die Art meines Glaubens in ganz besonderer Weise geprägt. Mir fällt auf, dass ich, besonders in diesem Kapitel, manche seiner wichtigen Gedanken widergebe, ohne sie als immer als Zitate eindeutig kenntlich zu machen. Ich vertraue auf seine Nachsicht, die er vor Jahren in Gesprächen mit mir beim Saarländischen Rundfunk erkennen ließ. Am 15. Dezember 1979 stellte übrigens ein von Papst Johannes Paul II. gebilligter Erlass der Glaubenskongregation ‚gravierende Abweichungen' Küngs von der katholischen Lehre fest, was seinen Verbleib im theologischen Lehramt unmöglich mache. Noch im selben Monat entzog die Deutsche Bischofskonferenz Hans Küng, dem katholischen Priester, Theologieprofessor und Verfasser weltweit verbreiteter theologischer Bestseller (u.a. „Die Kirche", „Christ sein", „Existiert Gott?", „Das Christentum – Wesen und Geschichte", „Das Judentum – Wesen und Geschichte", Der Islam – Geschichte, Gegenwart, Zukunft", „Weltethos aus den Quellen des Judentums") die kirchliche Lehrerlaubnis (Missio canonica). Küng selbst sah darin vor allem eine Reaktion auf seine Kritik am Dogma der Unfehlbarkeit. Seine internationale Bedeutung und Wirkung hat dieses Verdikt in keiner Weise gemindert – im Gegenteil! Die Diskussion um eine Kirchenreform ist nicht mehr aufzuhalten und wird innerhalb des Katholizismus fortgesetzt. „Ecclesia semper reformanda" – die Kirche braucht ständige Reform. Oft gibt man als Autor dieser Formulierung den heiligen Augustinus an; aber in dessen Werken kommt sie so nicht vor. Tatsächlich stammt die Forderung aus der calvinistischen Theologie des beginnenden 17. Jahrhunderts. Sie drückt das reformatorische Grundanliegen aus, die Kirche müsse sich in allen Bereichen, in ihrer Verkündigung, in der Disziplin und im Lebensstil ihrer Vertreter immer neu vom Wort Gottes richten und erneuern lassen. Kaum ein zeitgenössischer katholischer Theologe bestreitet heute noch die große Bedeutung der Lutherischen Reformation. Doch beide, die katholische wie die evangelische Kirche, bedürfen weiterer Reformen, um das Evangelium aus den vielfältigen historisch bedingten Verkrustungen zu befreien. Als Katholik darf man hoffen, dass Papst Franziskus diese Überzeugung teilt.

Auch einer der profundesten Kenner der kommunistischen Ideologie, Kardinal Gustav Wetter, hat als katholischer Theologe die Ähnlichkeiten zwischen kommunistischer und kirchlicher Orthodoxie in aller Schärfe herausgestellt. Ja, beide Systeme bedürfen der Reform, meint der Kardinal, und betont zuversichtlich, beide hätten sie längst in Angriff genommen. Die Entartungen würden zunehmend öffentlich benannt, ein Dialog bahne sich an und damit der Weg zu Begegnung und Verständnis.

Es gibt durchaus Parallelen zwischen der Religionstheorie von Marx und der Sigmund Freuds. Nur so viel: Religion ist nach Freud für den einzelnen Menschen wie für die gesamte Menschheit nur eine pubertäre Durchgangsphase, eine kollektive Zwangsneurose, eine Illusion. Die Aufgabe ist, mit der Reifeentwicklung die Erwartungen vom Jenseits abzuziehen und alle frei gewordenen Kräfte auf das irdische Leben zu konzentrieren, und das sei die Aufgabe des reifen, erwachsenen Menschen.

So könnte auch Marx geschrieben haben. Und ähnlich wie Marx wendet sich Freud gegen unbestreitbare Missstände, gegen Religion als Instrument der Manipulation, gegen die Pädagogik seiner Zeit, in der er ‚Verzögerung der sexuellen Entwicklung' und ‚Verfrühung des religiösen Einflusses' erkennt. Freud spricht aber auch vom „großartigen Wesen der Religion" und von dem, „was sie den Menschen zu leisten unternimmt, indem sie gleichzeitig drei Funktionen erfüllt: Sie gibt ihnen Aufschluss über Herkunft und Entstehung der Welt, sie versichert ihnen Schutz und endliches Glück in den Wechselfällen des Lebens, und sie lenkt ihre Gesinnungen und Handlungen durch Vorschriften, die sie mit ihrer ganzen Autorität vertritt". Also zugleich Belehrung, Tröstung und ethische Forderung. Das Resultat der Freudschen Überlegungen: „Während die einzelnen Religionen miteinander hadern, welche von ihnen im Besitz der Wahrheit sei, meinen wir, dass der Wahrheitsgehalt der Religion überhaupt vernachlässigt werden kann. Religion ist ein Versuch, die Sinneswelt, in die wir gestellt sind, mittels der Wunschwelt zu bewältigen. Aber sie kann es nicht leisten. Ihre Lehren tragen das Gepräge der Zeiten, in denen sie entstanden sind, der unwissenden Kinderzeiten der Menschheit. Ihre Tröstungen verdienen kein Vertrauen".

Was auch den Bewunderer Freuds erstaunt, ist seine durch wenige Zweifel relativierte aufklärerische Gewissheit, der Primat des Intellekts werde sich eines fernen Tages durchsetzen und jede Religiosität als Illusion entlarven. Welche Motive mögen ihn dazu veranlasst haben? - Da sind zunächst Kindheitserfahrungen, dann aber auch das Erleben des Antisemitismus seiner Zeit wie das der Bigotterie im Wien der Jahrhundertwende. Das Erscheinungsbild der christlichen Kirchen als alleinige und unfehlbare Verwalter der letzten Wahrheiten war ihm ein Ärgernis. Der große Aufklärer Freud, der so viele Vorurteile entlarvt und Tabus gebrochen hat, schließt die Möglichkeit aus, Religiosität könnte doch etwas anderes sein als neurotische Abweichung vom Weg der Vernunft. Aber weitere prominente Vertreter der Tiefenpsychologie sind zu anderen Folgerungen gekommen.

Da ist zunächst der Arzt Alfred Adler, der freilich als 'Abweichler' von Freud ,exkommuniziert' wurde. Adler geht vom „konstanten Minderwertigkeitsgefühl der bedürftigen Menschheit" aus. Adler wörtlich: „Die Gottesidee und ihre ungeheure Bedeutung für die Menschheit kann vom individualpsychologischen Standpunkt aus verstanden und geschätzt werden als Konkretisierung und Interpretation der menschlichen Anerkennung von Größe und Vollkommenheit und als Bindung des Einzelnen und der Gesamtheit an ein in der Zukunft der Menschheit liegendes Ziel, das in der Gegenwart durch Steigerung der Gefühle und Emotionen den

Antrieb erhöht". Hinter diesem etwas umständlichen und dunklen Satz verbirgt sich zweierlei. Einmal eine gewisse Anerkennung und Toleranz im Bezug zur Religion; andererseits wird schon klar: Bei aller Toleranz ist für Adler Gott eine Idee, wenn auch die höchste und größte der Menschheit, die Idee der Vollkommenheit, nach der der Mensch sich sehnt. Letzte Wirklichkeit ist aber auch für Adler der Mensch, er ist der Mittelpunkt, und deshalb besteht die Aufgabe der Individualpsychologie darin, den Menschen in den Mittelpunkt zu rücken.

Carl Gustav Jung, der zweite der großen Tiefenpsychologen, die sich von Freud trennten, distanzierte sich ausdrücklich vom Atheismus der Freudschen Illusionsschrift. „Freud steht damit auf dem Standpunkt eines rationalistischen Materialismus der naturwissenschaftlichen Weltanschauung des ausgehenden 19. Jahrhunderts", schreibt der um eine Generation Jüngere. Jung ist der Einzige unter den Dreien, der sich vorurteilsfrei in die psychologische Dimension der religiösen Glaubensinhalte vertieft. Er fragt nicht nach der historischen, sondern allein nach der psychologischen Wahrheit - aber lässt sich das wirklich voneinander trennen? - Jung ist sich später der Grenzen seiner Methode durchaus bewusst geworden. Es geht bei ihm, wie er ausdrücklich betont, nicht um ‚Vernichtung des Mysteriums' eben durch Psychologisierung. Jung wörtlich: „Damit, dass eine sog. metaphysische Aussage als ein psychischer Vorgang betrachtet wird, ist keineswegs gesagt, dass er 'bloß psychisch' sei, wie meine Kritiker sich auszudrücken belieben. Wie wenn mit 'psychisch' etwas allgemein Bekanntes festgestellt wäre! - Hat es noch niemandem gedämmert, dass, wenn wir 'Psyche' sagen, damit symbolisch das dichteste Dunkel, das man sich ersinnen kann, angedeutet ist? Es gehört zum Ethos des Forschers, dass er zugeben kann, wo er mit seinem Wissen am Ende ist. Dieses Ende nämlich ist der Anfang höherer Erkenntnis".

Noch einmal zurück zu Sigmund Freud. Es gibt keinen Zweifel: Seit seiner Studienzeit ist Freud Atheist. Er war es, lange bevor er

Psychoanalytiker wurde. Freuds Atheismus gründet also nicht in seiner Psychoanalyse, sondern geht ihr voraus. Daran hat Freud stets festgehalten: Psychoanalyse bedeutet nicht notwendig Atheismus. Sie ist eine Forschungs- und Heilmethode, die von Atheisten wie von Gottesgläubigen gleichermaßen angewendet werden kann. Und gerade deshalb wehrt sich der Atheist Freud dagegen, aus der Psychoanalyse, einem 'parteilosen Arbeitsinstrument', wie er sagt, eine atheistische Weltanschauung abzuleiten.

Religion als 'Opium des Volkes', das war die Theorie von Karl Marx. Religion sei ‚illusorische Vorstellung', meinte Freud. Beides gründet in der Projektionstheorie von Feuerbach. Immer handelt es sich dabei um Hypothesen, die weder überzeugend zu belegen noch zu widerlegen sind. Freud hat das selbst bemerkt: „Es liegt nicht im Plane dieser Untersuchung, zum Wahrheitswert der religiösen Lehren Stellung zu nehmen. Es genügt uns, sie in ihrer psychologischen Natur als Illusionen erkannt zu haben. Kann man aus der Anwendung der psychoanalytischen Methode ein neues Argument gegen den Wahrheitsgehalt der Religion gewinnen, tant pis für die Religion. Aber Verteidiger der Religion werden sich mit demselben Recht der Psychoanalyse bedienen, um die affektive Bedeutung der religiösen Lehre voll zu würdigen".

Aus analytischer Sicht ist die familiäre Herkunft, besser: das familiäre ‚Klima', von großer Bedeutung für die spätere weltanschaulich-religiöse Orientierung eines Menschen. So stammt der Vater von Karl Marx aus einer bedeutenden Rabbinerfamilie, trat aber später zum Protestantismus über. Nietzsches Vater war lutherischer Pfarrer, der Vater von Sigmund Freud ein liberaler, aufgeklärter Mann, der auf sein Judentum stolz blieb, ohne sich streng an die religiösen Regeln zu halten. Denkbar ist zunächst die vorbehaltlose Übernahme und Aneignung der elterlichen Glaubensüberzeugung. Ebenso aber kann sich, besonders als Reaktion auf die väterliche Autorität, eine kritische Gegenhaltung entwickeln. Schließlich finden viele Menschen einen eigenen, individuellen Glaubensweg, was als religiöse Emanzipation bezeichnet werden kann.

Wie mag das bei Familie Freud gewesen sein? - Nichts drückt Jakob Freuds Einstellung besser aus als die Widmung in einer Bibel, die er seinem Sohn Sigmund zu dessen fünfunddreißigstem Geburtstag schenkte. Darin ist zu lesen: „Mein geliebter Sohn, es war in deinem siebten Lebensjahr, dass der Geist des Allmächtigen über dich kam und dich drängte zu lernen. Der Geist des Allmächtigen spricht zu dir und sagt: Lies in meinem Buch! Wenn du so tust, eröffnen sich dir die Quellen des Wissens und Verstehens. Heute, an deinem 35sten Geburtstag, hole ich diese Bibel wieder ans Licht und schicke sie dir als einen Beweis der Liebe von deinem alten Vater".

Auch Jakob Freud muss also mit der Überzeugung aufgewachsen sein, die das Überleben des jüdischen Volkes durch Jahrhunderte des Exils, des Umherziehens und der Verfolgung ermöglichte und erklärte, der Überzeugung nämlich, dass die Juden das Volk des ‚Buches' waren und immer bleiben. Der Mann, der diese Widmung schrieb, wird den Wunsch so vieler jüdischer Väter geteilt haben, dass ihre Söhne einmal zu den Gelehrten zählen mögen, auch wenn sie selber nicht dazu gehörten. Dieser väterliche Wunsch fand in Sigmund Freud seine Erfüllung Er wurde wirklich auf seine Weise ein ‚Mann des Buches', ein Wahrheitssucher. In einem Zusatz zu seiner „Selbstdarstellung" sagt Freud: „Frühzeitige Vertiefung in die biblische Geschichte, kaum dass ich die Kunst des Lesens erlernt hatte, hat, wie ich viel später erkannte, die Richtung meines Interesses nachhaltig bestimmt".

Sein Vater starb, ehe noch die großen Entdeckungen seines Sohnes Gestalt angenommen hatten, ehe seine provozierende Originalität ans Licht getreten war. Freuds Vater hatte die Bibelwidmung in hebräischer Sprache geschrieben, die der Sohn nicht lesen konnte, sondern sich übersetzen lassen musste. Es hätte den Vater gewiss

92

bitter geschmerzt, wäre er noch in der Lage gewesen, die späteren Schriften seines Sohnes über Religion und Glauben, vor allem aber das Buch über den „Mann Moses" und „Die Zukunft einer Illusion" zu lesen. Er hat diese Veröffentlichungen nicht mehr erlebt.

Freuds Buch „Totem und Tabu" wurde 1913 in hebräischer Übersetzung herausgegeben. In der Vorrede sagt der Autor: „Keiner der Leser dieses Buches wird sich so leicht in die Gefühlslage des Autors versetzen können, der die heilige Sprache nicht versteht, der väterlichen Religion – wie jeder anderen – völlig entfremdet ist, an nationalistischen Idealen nicht teilnehmen kann und doch die Zugehörigkeit zu seinem Volk nie verleugnet hat, seine Eigenart als jüdisch empfindet und sie nicht anders wünscht. Fragte man ihn: Was ist an dir noch jüdisch, wenn du alle diese Gemeinsamkeiten mit deinen Volksgenossen aufgegeben hast? - so werde ich antworten: Noch sehr viel, wahrscheinlich die Hauptsache. Aber dieses Wesentliche könnte er gegenwärtig nicht in Worte fassen. Es wird sicher später einmal wissenschaftlicher Einsicht zugänglich sein. Für einen solchen Autor ist es also ein Erlebnis ganz besonderer Art, wenn sein Buch in die hebräische Sprache übertragen und Lesern in die Hand gegeben wird, denen dieses historische Idiom eine ‚lebende Zunge' bedeutet. Ein Buch übrigens, das den Ursprung von Religion und Sittlichkeit behandelt, aber keinen jüdischen Standpunkt kennt, keine Einschränkung zugunsten des Judentums macht. Aber der Autor hofft, sich mit seinen Lesern in der Überzeugung zu treffen, dass die voraussetzungslose Wissenschaft dem Geist des neuen Judentums nicht fremd bleiben kann".

Mag es vielen unserer heutigen Zeitgenossen nicht ähnlich gehen? Was ist in ihnen noch ‚religiös'? Ob sie wie Freud antworten könnten: „Noch sehr viel, wahrscheinlich die Hauptsache"? Aber auch sie können es nicht in Worte fassen, vielleicht ist es ihnen nicht einmal bewusst. Und wer kann es überhaupt? - Die Schöpfung eines offenbar unendlichen, sich mit beschleunigender Geschwindigkeit ausdehnenden Kosmos nach dem „Urknall" – die staunenswerte

Entwicklung eines Brockens Sternenstaub zu unserer Erde mit ihrer bis heute noch weitgehend unerforschten, schier unendlichen Lebensfülle bis hin zum sich selbst und den Kosmos reflektierenden Menschen - die Geburt eines Gottes, die Vielzahl seiner jede naturwissenschaftliche Erkenntnis überschreitenden ‚Wunder‘, seine Lehre und Verheißung, sein ‚Opfertod‘ – schließlich über allem die Existenz eines ‚gütigen‘ und ‚allmächtigen‘ Gottes, der aber Krankheit, Elend, Angst, Verzweiflung und Sterben nicht verhindert. ‚Ewiges Leben‘, ‚Himmelfahrt‘ – geht denn im Gegenteil nicht alles Leben auf unserer Erde buchstäblich ‚zugrunde‘? – Ist das nicht selbstverständlich? - Und das wissen wir nun alle: Der ‚Himmel‘ ist nicht ‚oben‘, weil es so etwas wie ‚oben‘ im Weltall nicht gibt. Unser Wissen hat sich exponentiell vermehrt, doch gilt nicht nach wie vor der Satz von Albert Einstein: „Wissenschaft ohne Religion ist lahm, Religion ohne Wissenschaft ist blind“? – Dem wird nicht jeder ohne weiteres zustimmen. Lassen sich denn streng wissenschaftliche Erkenntnisse mit religiösen Überzeugungen in Einklang bringen? – Keine Wissenschaft kann unsere letzten und existenziellen Fragen nach dem ‚Woher?‘, ‚Wohin‘? und ‚Warum überhaupt?‘ beantworten.

Die für mich bewegendste Frage ist allerdings, wieso alle Kulturvölker der Erde eigene, wenn auch erheblich divergierende religiöse Vorstellungen entwickelt haben. Gibt es also in uns Menschen, und nur in uns, ein tief sitzendes Bedürfnis nach ‚letzten Erklärungen‘? – Die Religionen bieten sie an, aber nicht als Wissen, sondern in Bildern, deren Inhalt Überzeugung fördern kann. Mithin geht es um die Deutung solcher Bilder, die wir in der Bibel finden. Die Kirche versucht das und fordert Glauben. Aber persönliche Gläubigkeit entsteht nicht, wenn das Verständnis solcher Bilder fehlt.

Auf sonderbare Weise kann uns die Psychoanalyse, das Lebenswerk des ungläubigen Juden Sigmund Freud, zum Verständnis helfen. Und davon ist nun zu reden.

DIE WELT DER TRÄUME UND BILDER

Dazu ein kleiner persönlicher Umweg. Ich war gerade 16 Jahre alt, als mein Vater plötzlich starb. Ich weiß allerdings nicht genau, ob es 'plötzlich' war, doch mir kam es jedenfalls so vor. Mein Vater starb zu Hause, wie es damals noch üblich war. Tagelang hatte er im Bett nach Luft gerungen. Die Feuerwehr brachte nach Anweisung des Arztes immer wieder Sauerstoffflaschen, um ihm die Atmung zu erleichtern, aber es half offenbar wenig bis nichts. Vater lag bewegungslos auf dem Rücken, rang röchelnd nach Luft. Sein Gesicht wurde immer schmaler und blasser, sein Bart wuchs - es war ein klägliches Bild, das ich eher mit befremdeter Neugier als mit innerer Bewegung ansah. Er starb also, und meine Mutter, eine sonst resolute und entscheidungsmächtige Frau, verfiel in Ratlosigkeit. Mir, als dem einzigen Sohn, wurde aufgetragen, mich um die Formalitäten der Beerdigung zu kümmern, was auf für mich bis heute unerfindliche Weise auch gelang.

Mit beklemmender Aufmerksamkeit spürte ich, dass ich bei der Trauerfeier und später beim Begräbnis keine einzige Träne weinen konnte. Und diese seltsam kühle, ein wenig unheimliche Distanz zu meinem verstorbenen Vater behauptete sich beharrlich mehr als drei Jahrzehnte. Dann machte ich in Stuttgart eine mehrjährige Therapieausbildung, analytisch, also tiefenpsychologisch orientiert, und dabei begegnete ich meinem in mir offenbar gar nicht abgeschiedenen Vater in höchst seltsamer Weise. Alexander Mitscherlich hat die psychoanalytische Prozedur als 'Kampf um die Erinnerung' beschrieben - und ich kämpfte nun darum, Erinnerungsstücke aus meinem Unterbewusstsein hervorzuholen. Aber gleichzeitig wehrte ich mich dagegen und versuchte, sie als Täuschung wieder zu verdrängen. Es war ein viele Monate dauernder Prozess, den seltsame Träume begleiteten. Über eine lange Zeitspanne träumte ich immer wieder in bestechender Klarheit, wie mein doch toter Vater plötzlich unsere vertraute Wohnung betrat, bleich, eingefallen, unrasiert wie auf dem Sterbebett. Stumm schritt er durch die Räume und ich versuchte, ihn anzusprechen, ihn zu fragen, woher er denn nach so langer Abwesenheit käme und ob er nun bei uns bliebe. Ich erhielt keine Antwort, aber wissende Blicke voll Aufmerksamkeit, ein Lächeln manchmal, doch keine Antwort. Dann ging mein Vater wieder - aber wenige Nächte später kehrte er zurück, wieder stumm, aber mit liebevollem Blick, als wollte er mich auffordern, ihn zu verstehen.

Ich werde nun nicht auf Einzelheiten der Analyse dieser immer wiederkehrenden Vaterträume eingehen. Aber damals in Stuttgart wurde mir zum Erlebnis, was ich bis dahin nur studiert und mir angelesen hatte: Ich war meinem Unterbewussten geradezu leibhaftig begegnet, und so gewann ich den ab jetzt bewussten Besitz des Vaters in mir unverlierbar zurück. Aus bruchstückhaften, diskontinuierlichen Erinnerungsfetzen formte sich der Vater zu einer Figur wie aus Dostojewskijschen Romanen, eben jenen, aus denen mir mein Vater oft vorgelesen hatte. Ich gewann die Erkenntnis eines klugen, leidenschaftlichen, sinnlichen Menschen, an sich leidend, an der Zeit des Nazi-Regimes und vielleicht auch an seiner Ehe, eines Menschen, dessen Alkoholexzesse mich als Kind oft erschreckt hatten, aber der nun gleichsam ‚vollständig' wurde, verstehbar, ja mehr noch: Unendlich liebenswert. Und heute brauche ich nicht mehr von meinem verstorbenen Vater zu träumen. Sein Bild steht auf meinem Schreibtisch, er lebt vor und in mir weiter.

Der erste, der sich wissenschaftlich mit Träumen beschäftigt hat, war Sigmund Freud. Sein Buch „Die Traumdeutung" erschien im Jahr 1900, seine Vorlesungen über Träume stammen aus den Jahren 1915/1916. Es geht um die entscheidende Frage: Haben Träume einen Sinn oder sind sie nur Ausdruck von wirren Fehlschaltungen eines im Schlaf außer Kontrolle geratenen Gehirns? - Freud behauptet zu Anfang seiner Vorlesungen: „Das Studium des Traumes ist nicht nur die beste Vorbereitung für das der Neurosen, der Traum selbst ist auch ein neurotisches Symptom, und zwar eines, das für uns den unschätzbaren Vorteil hat, bei allen Gesunden vorzukommen. Ja, wenn alle Menschen gesund wären und nur träumen würden, so könnten wir aus ihren Träumen fast alle die Einsichten gewinnen, zu denen die Untersuchung der Neurosen geführt hat".

Seit mindestens 4000 Jahren ist die Überzeugung nachweisbar, Träume seien so bedeutend, dass sie Beachtung verdienen. Allen alten Traumdeutungen ist gemeinsam, dass sie das Wissen des Deuters in den Vordergrund stellen. Nur er kennt den geheimnisvollen Sinn dessen, was dem Träumer verworren erscheint. Gewiss hat dieses einfache Schema: "Wenn einer träumt, dass- - - dann bedeutet das - - -" mit tiefenspsychologischer Traumdeutung nichts zu tun. Aber heute noch gültig sind zwei Erkenntnisse aus den jahrtausendealten Traumbüchern: Träume sind häufig in symbolische Bilder gekleidet, und zweitens: Träume stellen meist Wunscherfüllungen oder Ersatzbefriedigungen dar.

Und noch eine andere alte Überzeugung ist bemerkenswert: Träume seien die nächtliche Verbindung mit dem Jenseits. Die Sonne, so erlebten es die Menschen der antiken Welt, taucht nachts in den Ozean ein und beginnt am nächsten Morgen wieder, neu gestärkt, ihre Bahn zu ziehen. Ganz entsprechend stellten sie sich vor, dass auch der Mensch während des Schlafs ins Jenseits untertaucht und aus den nächtlichen Träumen von dort seine Kraft zum Leben schöpft. Doch nicht nur aus dem Jenseits gelangen Botschaften durch die Träume zu den Menschen. Der Nachrichtenverkehr läuft lebhaft in beiden Richtungen. Briefe an die Toten zum Beispiel, die ihnen auf die regelmäßig dargebrachten Speiseopferschalen geschrieben wurden, ließen sich im Jenseits nicht übersehen, so hoffte man wenigstens. Auf einer altägyptischen Schüssel lesen wir, die Eltern möchten doch den ebenfalls verstorbenen Bruder in Zukunft hindern, ständig im Haus des hinterbliebenen Absenders zu spuken.

Auf einer anderen Schale stellt ein Witwer seine Frau zur Rede, warum sie ihn noch immer, drei Jahre nach ihrem Tod, in seinen Träumen mit ihrer lästigen Erscheinung heimsuche. „Warum verfolgst du mich?" fragt er vorwurfsvoll. Jedenfalls stand den Ägyptern fest: Träume enthalten Nachrichten von den Toten.

Es ist nicht einfach, in knapper Form die schwierigen Traumerkenntnisse Freuds anschaulich zu machen. Wer sich gründlicher informieren möchte, dem sei in erster Linie Freuds „Traumdeutung" empfohlen, darüber hinaus das gut informierende Buch von Klaus Thomas „Träume – selbst verstehen", besonders auch „Der Kampf um die Erinnerung" von Alexander Mitscherlich.

Hier die knappe Schilderung eines Patiententraums. In der Praxis erzählt ein Mann, dass er sich im Traum auf einer Bühne vor einem großen Orchester erlebte. Er sollte als Solist ein Cellokonzert spielen - und während die Musiker ihre Instrumente stimmten, überlegte er verzweifelt, um welches Konzert es sich denn handeln könnte. Außerdem sei er ja ohne alle Spielkenntnisse überhaupt nicht in der Lage, das Konzert zu geben. Eine panische Angst vor der unausbleiblichen Blamage überfällt ihn. Er möchte fluchtartig die Bühne verlassen, findet aber den Ausgang nicht. Schweißgebadet wacht er auf.

Dieser Traum hatte sich mehrmals wiederholt, manchmal auch in abgewandelter Form, in der sich der Träumer als Schauspieler erlebte, der am Abend nicht wusste, in welchem Stück er auftreten sollte, und außerdem hatte er seinen Text total vergessen. Wo bleiben hier die Wunscherfüllungen? - Sie sind nicht allzu schwer zu vermuten: Diesen Mann, einen Angestellten im öffentlichen Dienst, verfolgte nachts der ihm kaum bewusste, weil stets unterdrückte Wunsch, ‚nach vorn', ‚nach oben' zu kommen, einmal im 'Rampenlicht' zu stehen, etwas Besonderes zu vollbringen, sich aus der anonymen Menge durchschnittlicher Zeitgenossen herauszuheben. Der Traum zeigt ihm in brutaler Härte, dass er mit seiner unzureichenden Begabung und seiner Unkenntnis scheitern müsste, dass seine Wünsche unerfüllbar sind. Und das wiederum macht Platz für den eigentlichen und viel wesentlicheren anderen Wunsch, sich mit seinem eingeschränkten, bescheidenen Leben endlich abfinden und zufrieden sein zu können.

Ob diese zunächst nur vermutete Deutung stimmt, kann sich nur in der analytischen Prozedur erweisen. In unserem Fall war es tatsächlich so. Der kleine Angestellte träumte wirklich von einer leitenden Position, um aus seinem als grau und bedeutungslos empfundenen Alltag ausbrechen. Der manifeste Traum erfüllte diesen Wunsch, aber nur zu einem Teil. Der Träumer steht vermeintlich im Rampenlicht, auf der Bühne, vor erwartungsvollem Publikum, in der großen Öffentlichkeit. Doch der Traum erspart ihm nicht die Erfahrung bedrohlichster Ängste: Du schaffst das nicht, du kannst das nicht, du wirst außerhalb deines gewohnten Lebensbereichs versagen! Der Patient lernte nun im Lauf der Behandlung sich zu arrangieren, seine Persönlichkeitsstruktur und seine Lebensverhältnisse zu akzeptieren, was ja im Grund auch einem Wunsch von ihm entsprach: Er wollte ja zufrieden sein. Und nun brauchte er nicht mehr als Solist und Protagonist aufzutreten, sondern konnte seine Wünsche beim Musikhören und im Theater befriedigen.

Aus meinen persönlichen Traumerfahrungen: Ich habe Hunderte von Vorträgen gehalten. Die Gabe des freien Sprechens ist mir nur unzureichend gegeben. Ich halte mich mit aufklärerischem Impetus lieber an die präziseren Formulierungen meiner Manuskripte. Recht häufig erlebte ich in Träumen, ich hätte kurz vor Beginn des Vortragsabends entdeckt, dass mein Manuskript nicht da sei! – Hatte ich es im Auto vergessen oder gar daheim liegen gelassen? Würde ich jetzt nicht die Erwartungen der Zuhörer enttäuschen und mich blamieren? – Aber ich hatte ja nur geträumt! Die im Alltag verdrängten Unsicherheiten und Versagensängste signalisierten ihre Anwesenheit und Wirkmächtigkeit im nächtlichen Traum. Wo bleibt hier die Wunscherfüllung? – Sie liegt wohl in der Erkenntnis, den Perfektionismus aufgeben zu können, um stabiles Selbstbewusstsein trotz gelegentlichen Versagens zu gewinnen und zu erhalten.

Aber der Traum kann auch tief im Unterbewussten verborgene Wünsche offenbaren. Nicht selten erlebte ich mich im Traum auf einem Spaziergang. Plötzlich erschien es mir, als befänden sich unter meinen Schuhsohlen mächtige Federn, die mir mühelos weite Sprünge erlaubten. Mit einem lebhaften Glücksgefühl hüpfte ich scheinbar schwerelos meterhoch über Wege, Hecken, Mauern und Wiesen! - Man versteht leicht, dass es sich um eine nächtliche Wunscherfüllung handelt. Denn wer möchte nicht gern auf diese Weise seinen hindernisreichen Lebensweg meistern?

Das Phantasiereich der Träume ist unerschöpflich und erlaubt uns, alle Grenzen zu überschreiten. Seit vielen Jahren höre ich immer wieder die „Vier letzten Lieder" von Richard Strauß, und zwar in der unvergleichlichen Interpretation von Jessye Norman. Eines der vertonten Gedichte von Hermann Hesse heißt 'Beim Schlafengehen'. Strauß hat es 1948 als den wohl am stärksten inspirierten Gesang dieses letzten Meisterwerks für seine Frau komponiert. Hier der Text:

> *„Nun der Tag mich müd gemacht,*
> *soll mein sehnliches Verlangen*
> *freundlich die gestirnte Nacht*
> *wie ein müdes Kinds umfangen.*
> *Hände, lasst von allem Tun,*
> *Stirn, vergiss du alles Denken.*
> *Alle meine Sinne nun*
> *wollen sich in Schlummer senken.*
> *Und die Seele, unbewacht,*
> *will in freien Flügen schweben,*
> *um im Zauberkreis der Nacht*
> *tief und tausendfach zu leben".*

Mag sein, dass wir in unseren Träumen am 'kollektiven Unbewussten', wie C.G.Jung es nannte, partizipieren, an den großen Phantasien der Menschheit, die uns in den Märchen, Mythen, Sagen, ja auch in den großen Religionen begegnen. Dies ist die erste wichtige Erkenntnis: Im Traum eröffnet sich uns eine Wunderwelt, im Traum können wir den 'Schönen der Nacht' begegnen, die uns das Leben meist versagt. Als Kinder haben wir alle oft und lebhaft geträumt; dieses Traumleben scheint zur gesunden Persönlichkeitsentwicklung zu gehören. Im Lauf der Jahre dagegen ereignen sich immer weniger Träume, und viele Erwachsene berichten in der Praxis, sie träumten eigentlich nie. Doch natürlich träumen sie, auch wenn sie sich kaum oder gar nicht daran erinnern können.

Was meint dieses Wort ‚erinnern' eigentlich?- Es bedeutet doch zweifellos, Verbindung mit dem eigenen ‚Inneren' aufzunehmen, mit all dem beispielsweise, was wir als Bruchstücke unserer Biographie in uns tragen, was uns 'im Labyrinth der Brust' bewegt: Schmerz, Enttäuschung, Versagen, Angst, Sehnsucht, aber auch Freude und Lust. Erinnern heißt, in die Tiefe des Gedächtnisses einzudringen, ja bis dorthin, wo Vorbewusstes und Unbewusstes lagern. Wenn man den Menschen unserer Zeit oft in pauschaler und damit unzulässiger Weise Veräußerlichung und Oberflächlichkeit nachsagt, dann ist der Gegenbegriff dazu eben die 'Verinnerlichung' in lebendiger ‚Erinnerung'.

Gilt nicht die allgemeine Erfahrung, dass wir träumend nicht abstrakte Überlegungen anstellen, sondern anschauliche Bilder erleben? Und diese Bilder deuten auf eine andere Dimension unseres Innenlebens, sie stammen aus den Tiefen unseres weitgehend Unbewussten. Mit anderen Worten, und so sind wir wieder bei unserem Thema: Lassen sich Erkenntnisse der Tiefenpsychologie, also der Psychoanalyse, auch auf die Deutung biblischer Erzählungen anwenden? Wohl niemand hat das mit den Gleichnissen und Wundern des Evangeliums überzeugender versucht als der Theologe

Eugen Drewermann, dem ich viel für mein Glaubensverständnis verdanke. Zum Einstieg besonders empfehlenswert ist der Band „Wenn der Himmel die Erde berührt, Predigten über die Gleichnisse Jesu".

Ich erinnere mich an meine eigenen Schwierigkeiten mit der Bibel. Da ist zunächst die schwer verständliche, weil dunkle Erzählung von den zwei Bäumen im Paradies, nämlich dem „Baum der Erkenntnis" und dem „Baum des Lebens". Gott verbietet den beiden offenbar glücklichen nackten Menschen im Paradies ausdrücklich, vom „Baum der Erkenntnis" zu essen (Gen 2,17). Wieso aber? – Ist nicht gerade die intellektuelle Fähigkeit der „Erkenntnis" ein exklusives Privileg des Menschen, das ihn vor der gesamten Tierwelt auszeichnet? Doch gemeint ist etwas ganz anderes, wie wir später erfahren (Gen 3,5). Die ‚Schlange' macht Adam und Eva ein verhängnisvolles Versprechen: „Sobald ihr davon esst, gehen euch die Augen auf; ihr werdet wie Gott und erkennt Gut und Böse". ‚Erkenntnis' steht hier offenbar für ein angebliches Wissen um die ‚letzten Dinge', um das, was den Kosmos im Innersten zusammenhält, um das Wesen und damit die Intentionen Gottes. Der Schöpfer hat uns aber mit der Gabe der Freiheit ausgestattet, also auch mit der Einsicht in die Begrenzheit unseres Wissens und Könnens und deren möglichem Missbrauch. Diese Freiheit gestattet uns willkürliche Selbstüberschätzung, die der Psychoanalytiker Horst Eberhard Richter in seinem Buch „Der Gotteskomplex" so eindrucksvoll beschreibt. Gott schuf den Menschen als sein „Abbild", gottähnlich nicht zuletzt durch die ihm verliehene wissenschaftliche und künstlerische Schöpferkraft. Aber er ist und bleibt ‚Geschöpf', durch seine Freiheit fehlbar und vor allem sterblich.

Gott setzte den Menschen in den Garten Eden, „damit er ihn bebaue und hüte" (Gen 2, 15). Dazu aber hilft der andere Baum, der „Baum des Lebens". Leben heißt zunächst Entwicklung, Wahrnehmung des Zuträglichen, das Leben Fördernden, Bewahren der Schöpfung als Grundlage unserer Existenz. Die Menschheit, besonders in den Industrienationen, vergeht sich wider besseres Wissen seit Jahrzehnten dagegen.

Die Theologie verbindet mit dem Verhalten der ersten Menschen im ‚Paradies' den Begriff der ‚Erbsünde'. ‚Sünde' ist Abkehr von den Geboten Gottes. Unsere Möglichkeit, gegen Forderungen Gottes oder der Humanität zu verstoßen, haben wir aber nicht einfach von Adam und Eva ‚geerbt', sondern sie ist die Folge der uns übergebenen Freiheit, eben auch einer Freiheit zum Bösen.

Und da ist ein weiteres Problem. Die Anlage zum ‚Bösen', zu Fehlverhalten, zu Brutalität, Aggression, Verleumdung, Täuschung, Ausnutzung, Erniedrigung und Vergewaltigung liegt prinzipiell in jedem Menschen. Diese Einsicht ist seit jeher manchem, der sich als ‚Krone der Schöpfung' überschätzt, unerträglich. Deshalb lag es nahe, das Böse einem personalisierten ‚Bösen' zuzuordnen, etwa dem Teufel, der Schlange, irgendwelchen ‚Dämonen' oder ‚bösen Geistern'. Der Mensch unterliege also nicht einem bösen Trieb in ihm selbst, sondern einer Versuchung von außen.

In der katholischen Kirche gibt es das Ritual des Exorzismus, der rituellen Austreibung des ‚Teufels' oder ‚böser Geister'. Die Tradition beruft sich auf das Neue Testament. Bei Markus (Mk 1,21-28) kann man lesen, wie Jesus in Kapharnaum eine Synagoge besucht. Dort begegnet ihm ein Mann mit einem „unreinen Geiste", der ihn „hin und her zerrte" (ein epileptischer Anfall?). Auf Jesu Befehl weicht der „unreine Geist" aus dem Mann. Matthäus berichtet, dass Jesus „Besessene, Mondsüchtige und Gelähmte" geheilt habe. Handelte es sich vielleicht um psychosomatische Erkrankungen? - Lukas erzählt (Lk 4.2-13), wie Jesus selbst vom ‚Teufel' versucht wurde. Aus analytischer Sicht verkörpert jedoch dieser ‚Teufel' lediglich Jesu Selbstzweifel, denen er als ‚ganzer Mensch' ausgesetzt war. Im Garten Gethsemane packt ihn Todesangst, am Kreuz klagt der Gottessohn auf aramäisch verzweifelt seinen Vater an: „Eli, Eli, lema sabachthani?" – „Gott, mein Gott, warum hast du mich verlassen?"– Jesus war ganz Mensch, Versuchungen und Zweifeln ausgesetzt wie wir alle, einer von uns, und gerade das ist ja das unbegreifliche Wunder!

Die junge Kirche konnte nicht glauben, dass auch Jesus von Angst heimgesucht wurde. Deshalb musste es einen ‚Versucher', einen ‚Teufel' und ‚böse Geister' geben – das gesamte Mittelalter hindurch.

Und heute? – Auch heute noch gibt es Exorzismus in der katholischen Kirche. 1976 starb eine Frau nach Abbruch einer psychiatrischen Behandlung während exorzistischer Praktiken. Der Fall erregte bundesweites Aufsehen. Unter dem Druck der nicht nachlassenden öffentlichen Diskussion entschied sich die Deutsche Bischofskonferenz noch im selben Jahr zur Einberufung einer Kommission, um grundsätzliche Fragen im Kontext von Besessenheit und Exorzismus zu klären. In die Kommission wurden ganz bewusst neben Theologen auch Psychologen berufen. Die Ergebnisse veranlassten die Deutsche Bischofskonferenz 1984 zu einem Gesuch in Rom, den Exorzismus als „Liturgie zur Befreiung vom Bösen" umzugestalten. Das könnte als Empfehlung zu Psychotherapie verstanden werden. Insbesondere sollte eine Zusammenarbeit von Priestern, Psychologen und Medizinern zur zwingenden Voraussetzung gemacht werden. Dennoch nimmt die Neufassung des Exorzismusrituals von 1999 den Begriff „Exorzismus" statt „Liturgie zur Befreiung vom Bösen" im Titel auf.

Der Vatikan bietet weiterhin Exorzismuskurse an und veranstaltete 2004 die erste internationale Exorzismuskonferenz in Mexiko. Während einer Generalaudienz auf dem Petersplatz am 15. September 2005 wandte sich Papst Benedikt XVI. an die Teilnehmer des Nationalkongresses der italienischen Exorzisten und ermutigte sie dazu, „mit ihrem wertvollen Dienst an der Kirche fortzufahren". Unter seinem Vorgänger, Johannes Paul II., wurden im Jahre 2003 in Italien circa 200 Priester als Exorzisten bestellt.

Im Vatikan gab es lange Zeit einen Chefexorzisten, nämlich Pater Gabriel Amorth (85). Mehr als 70 000 Mal befreite er angeblich ‚Besessene‘ vom ‚Teufel‘ und von ‚Dämonen‘. In der italienischen Zeitung „La Repubblica“ warnte der Pater: „Der Teufel wohnt im Vatikan!“ Und Amorth weiter: „Es gibt Kardinäle, die nicht an Gott glauben, Bischöfe, die mit dem Teufel im Bund sind. Die Kinderschändungen durch Geistliche sind ebenfalls Werke des Teufels.“ Und damit wären ja dann alle geistlichen Kinderschänder schließlich straffrei, nicht mehr Täter, sondern selbst Opfer! Der Chef-Exorzist spricht auch über einen Angriff des ‚Bösen‘ auf Papst Benedikt XVI.: „Am Weihnachtsabend kämpfte der Papst mit dem Teufel. Satan warf ihn zu Boden.“ Der Pontifex war damals von einer geistig verwirrten Frau zu Boden gerissen worden. Nach der Attacke hatte der Heilige Vater die Christmette fortgesetzt. Die Täterin wurde in die Psychiatrie eingewiesen.

Die Wundererzählungen nehmen in den Evangelien einen bedeutenden Raum ein. Viele Exegeten halten sie für fromme Übertreibungen, die sowohl den mündlichen Überlieferungen wie auch der Missionsabsicht der Verfasser zuzuschreiben sind. Auffällig ist die Zurückhaltung Jesu, der immer wieder betont, nicht er, sondern der Glaube des Betroffenen habe die Heilung verursacht. Und er gebot seinen Jüngern, niemandem von diesen Wundern zu erzählen (Mk 7,36). Als die Pharisäer ein ‚Zeichen vom Himmel‘ forderten, „seufzte Jesus tief auf und sagte: „Was fordert diese Generation ein Zeichen? Amen, das sage ich euch: Dieser Generation wird niemals ein Zeichen gegeben werden“ (Mk 8,12). Der Sohn eines königlichen Beamten lag im Sterben. Der Vater wandte sich an Jesus und erbat ein Wunder. Jesus erwiderte: „Wenn ihr nicht Zeichen und Wunder seht, glaubt ihr nicht“ (Joh 4,48). Jesus sagte dem besorgten Vater darauf nur: „Geh – dein Sohn lebt“ und verabschiedete sich. Der Sohn stand gesund auf.

Doch sind es nicht gerade solche biblischen Wunderberichte, die viele kritische Zeitgenossen daran hindern, den evangelischen

Erzählungen Vertrauen zu schenken? Sie sind jedoch nur symbolisch zu verstehen: Ein an seinen Lebensumständen erkrankter Mensch wird gesund, ein ‚ausgebrannter‘, ‚toter‘ Mensch kommt wieder zu sich und gewinnt neuen Lebensmut. Dabei scheinen die Wunder unwesentlich für das Wirken Jesu, lediglich Zugeständnisse an den schlichten Volksglauben, der nach solchen ‚übernatürlichen‘ Geschehnissen verlangt. Doch hat sich dieses Bedürfnis nicht bis in die Gegenwart gehalten? – ‚Heilig‘ gesprochen wird nur jemand, dem auch ein ‚Wunder‘ nachzuweisen ist. Die katholische Kirche gibt sich akribische Mühe bei der Suche danach, notfalls begnügt man sich mit irgendeinem Ereignis, für das sich keine natürliche Erklärung finden lässt.

Doch schauen wir uns die evangelischen Erzählungen genauer an. Am See Genezareth besteigen die Jünger ein Boot, um Jesus voraus zum anderen Ufer zu fahren. Das Boot gerät während der Nacht in bedrohlichen Wellengang und die Insassen packt Angst. Da kommt ihnen Jesus einfach über das Wasser schreitend entgegen. Die Jünger erschrecken und fürchten sich wie vor einem Gespenst. Jesus redete sie sofort an mit den Worten: „Seid getrost! Ich bin es, fürchtet euch nicht!“ – Petrus antwortete ihm: „Herr, wenn du es bist, so lass mich über das Wasser zu dir kommen!“ – Jesus sagte: „Komm!“ - Da stieg Petrus aus dem Boot und schritt über das Wasser, um zu Jesus zu gelangen. Als er aber den Wind wahrnahm, überfiel ihn Angst, und als er zu sinken begann, schrie er laut: „Herr, rette mich!“ - Da streckte Jesus einfach die Hand aus, ergriff ihn und sagte zu ihm: „Kleingläubiger, warum hast du gezweifelt?“ - Als sie ins Boot gestiegen waren, wich der Wind (Mt 14,22-33).

Liegt hier nicht der tiefste Kern der ‚frohen Botschaft‘? Angst kann nur besiegt werden durch wieder gewonnenes Vertrauen, und Vertrauen ist die Basis jedes Glaubens. Kein Mensch kann zu Fuß über einen See gehen, auch nicht der ‚Menschensohn‘. Es handelt sich um ein Gleichnis, ist symbolisch gemeint, bildhaft, anschaulich, vielleicht sogar überzeugend, unseren Traumerlebnissen verwandt.

Was ist hier wichtig? – Jesus sagt einfach „Komm!" und streckt Petrus die helfende Hand aus. Er muss sie nur vertrauensvoll ergreifen. . .

Gewiss, Vertrauen ist schwer in einer Wohlstandgesellschaft, die allerdings vielen Mitbürgern nicht einmal ausreichende Mindestlöhne und eine menschenwürdige Altersrente garantieren kann. Die Bundesregierung hat den alarmierenden Armutsbericht Ende 2012 willkürlich geschönt und damit verharmlost. Doch die Politik ist nicht in der glücklichen Lage wie die Kirchen, sie kann nicht einfach verharmlosen und auf ein gerechteres Jenseits vertrösten.

Und hier wird ein anderes, jahrhundertealtes und immer noch aktuelles Problem der Kirchen sichtbar. Es geht um ,Vertröstung' durch die ,Seligpreisungen' (Mt 5, 3-12): „ Selig sind die, die arm sind vor Gott, denn ihnen gehört das Himmelreich. Selig sind die Trauernden, denn sie werden getröstet werden. Selig sind die, die keine Gewalt anwenden, denn sie werden das Land erben. Selig sind die, die hungern und dürsten nach der Gerechtigkeit, denn sie werden satt werden". Und am Schluss: „Freut euch und jubelt: Euer Lohn im Himmel wird groß sein". Evangelium, Frohbotschaft – welch ein Versprechen!

VOM „SCHWERT" DES FRIEDENS

Nimmt man diese Verheißungen aus der Bergpredigt Jesu wörtlich, so könnte man sie geradezu für zynisch halten, als Rechtfertigung einer inhumanen Sozialpolitik, zur Beschwichtigung von Unruhen der Benachteiligten. Daraus entstünde allerdings lediglich Friedhofsfrieden mit Friedhofsruhe, aber kein demokratisches, freiheitliches Gemeinwesen. Doch beim Evangelisten Lukas (6, 24-26) werden diese ‚Seligpreisungen' überraschend ergänzt: „Wehe euch, ihr Reichen, denn ihr habt schon euren Trost! Wehe euch, die ihr jetzt lacht, denn ihr werdet trauern und weinen! Wehe euch, wenn alle Welt euch umschmeichelt! Ebenso haben ja ihre Väter es mit den falschen Propheten gemacht!". Den euphorischen Versprechungen der Bergpredigt stehen also Drohungen gegenüber, dem Entwurf einer Idealgesellschaft die eindeutige Forderung nach Gerechtigkeit und sozialer Mitverantwortung der Wohlhabenden. Das Evangelium ist keine bürgerliche Beschwichtigungslektüre, sondern Sprengstoff in einer selbstgerechten und inhumanen Gesellschaft . . .

Ein für Christen provozierendes Wort Jesu wird von Matthäus überliefert: „Glaubt nicht, ich sei gekommen Frieden auf die Erde zu bringen. Ich bin nicht gekommen, um Frieden zu bringen, sondern das Schwert" (Mt 10,34). Bedeutet das etwa eine Rechtfertigung von Kriegen und der kirchlichen Segnung von Waffen und Massenvernichtungsmitteln? – Nein, selbstverständlich nicht. Aber das Christentum ist eben keine resignative Vertröstungsreligion, sondern eine, die Hoffnung vermitteln möchte, die auf Vertrauen und Liebe gründet, aber auch mit dem scharfen Schwert des Wortes gegen Bevormundung und Tyrannei für Gerechtigkeit eintritt.

Und noch einmal der Prophet Jesaja: „Denn von Zion kommt die Weisung des Herrn, aus Jerusalem sein Wort. Er spricht Recht im Streit der Völker, er weist viele Nationen zurecht. Dann schmieden sie Pflugscharen aus ihren Schwertern und Winzermesser aus ihren Lanzen" (Jes 2,4). Im Psalm 85,11 kann man lesen: „Gerechtigkeit und Friede küssen sich".

Ich denke an meine Besuche in Dresden. Im Geläut der Frauenkirche ist die größte Glocke mit 1750 kg Gewicht die Friedensglocke „Jesaja". Sie erinnert jeden Werktag nach dem 12 Uhr Stundenschlag an die Sehnsucht nach Frieden und lädt die Besucher der Kirche in die Mittagsandacht ein. Der Künstler Christoph Feuerstein hat auf der Glocke bildhaft eine Sekunde des weltweiten Schreckens gestaltet, den Moment, als am 11. September 2001 in New York Flugzeuge in das World Trade Center einschlugen. Und wie sagte der Dresdner Pastor am Ende des sonntäglichen Gottesdienstes? – Nichts anderes als die im Ritual vorgesehenen Worte Jesu: „Frieden hinterlasse ich euch, meinen Frieden gebe ich euch" (Joh 14,27). Das ist nicht die Feststellung eines schon eingetretenen Zustandes, sondern eine Ermahnung. Wir haben seit Jahrzehnten Frieden in Europa, aber es gibt ständige Konflikte bei uns und in vielen Teilen der Welt. Täglich erhalten wir Nachrichten von grausamen Terroranschlägen und ebenso schrecklichen Militäraktionen. Und all das hat eine dreitausend Jahre alte Geschichte, die schon der Prophet Jesaja im achten Jahrhundert vor Christus beklagt: „Seht her, die Hand des Herrn ist nicht zu kurz, um zu helfen. Sein Ohr ist nicht schwerhörig, sodass er nicht hört. Nein, was zwischen euch und eurem Gott steht, das sind eure Vergehen! Man stützt sich auf Nichtigkeiten und stellt haltlose Behauptungen auf, man geht schwanger mit Unheil und bringt Verderben zur Welt! Ihre Taten sind Taten des Unheils, Gewalttat ist in ihren Händen! Sie laufen dem Bösen nach, schnell sind sie dabei, unschuldiges Blut zu vergießen! Ihre Gedanken sind Gedanken des Unheils, Scherben und Verderben sind auf ihren Straßen! Den Weg des Friedens kennen sie nicht! Sie gehen krumme Pfade, keiner, der ihnen folgt, lernt den Frieden kennen! Darum

bleibt das Recht von uns fern, die Gerechtigkeit erreicht uns nicht"
(Jes 59, 1-9).

Ich hatte schon immer Schwierigkeiten mit dem Satz, Jesus sei
nicht gekommen, um Frieden zu bringen, sondern das Schwert.
Heraklit, der ‚dunkle' Philosoph aus Ephesus, bezeichnete den Krieg
als „Vater aller Dinge", was immer wieder missverstanden wird. Das
griechische Wort ‚polemos' bedeutet aber nicht nur Krieg, sondern
auch Zwist, Meinungsstreit, Auseinandersetzung, Widerspruch, und
das gehört zu einer freiheitlichen Gesellschaft, nämlich der Streit um
den richtigen Weg. Unleugbar ist, dass die Kriegstechnik gewaltige
Fortschritte gemacht hat. Längst gibt es keine Schlachten mehr von
Mann gegen Mann. Das gegenseitige Töten wurde zunehmend
automatisiert. Die schrecklichste Phase begann mit den
amerikanischen Atombomben auf Hiroshima und Nagasaki am 6.
und 9. August 1945. Die beiden Bomben mit den zynischen Namen
‚Little boy' und ‚Fat man' töteten 92 000 Menschen sofort und
weitere 130 000 bis zum Jahresende, weitere Tausende starben bis
heute an Spätfolgen, zahllose Kinder sind genetisch verkrüppelt. Vor
dem Abflug der amerikanischen Bomber sprach ein lutherischer
Feldgeistlicher ein ‚ergreifendes Gebet': „Allmächtiger Vater, der
Du die Gebete jener erhörst, die Dich lieben, wir bitten Dich, denen
beizustehen, die sich in die Höhen Deines Himmels wagen und den
Kampf bis zu unseren Feinden vortragen. Wir bitten Dich, dass das
Ende dieses Krieges nun bald kommt und dass wir wieder einmal
Frieden auf Erden haben. Wir werden im Vertrauen auf Dich weiter
unseren Weg gehen; denn wir wissen, dass wir jetzt und für alle
Ewigkeit unter Deinem Schutz stehen. Amen." – Kein einziges Wort
über die zu erwartenden Opfer! Welcher Zynismus liegt in diesem
wahnhaften Glauben, Gott könne einen Massenmord absegnen!

Es waren die bislang einzigen atomaren Angriffe der
Kriegsgeschichte, ausgeführt von einem Land, das sich stets auf seine
christliche Tradition beruft. Inzwischen gibt es fünf Atommächte
auf der Erde, mit hoher Wahrscheinlichkeit gehören aber auch Israel,

Nordkorea, Indien, Pakistan und der Iran heute dazu. Lange Zeit begründete die Atomrüstung das „Gleichgewicht des Schreckens" mit dem Höhepunkt der Cuba-Krise im Oktober 1962 zwischen den USA und der Sowjetunion. Die Arsenale der Atomwaffen sind nach wie vor reich bestückt. Die Bomberpiloten von 1945 sahen von der Katastrophe in Japan nicht mehr als einen imponierenden Rauchpilz, der sich bis zum Himmel ausdehnte. Von den abertausend Menschenopfern, der verheerenden Zerstörung und Verseuchung erfuhren sie lediglich durch die Nachrichten. Es ist nicht leicht, ihnen einen Vorwurf zu machen. Sie handelten ja gehorsam im Auftrag ihres Staates und befolgten pflichtgemäß ‚nur' Befehle.

Und wie war es im Vietnamkrieg? Im Januar 1965 setzten die amerikanischen Streitkräfte erstmalig „Agent Orange" ein, dann weiterhin bis 1970 bei etwa 6000 Flügen. Es war die militärische Bezeichnung eines chemischen Mittels, das die USA im Vietnamkrieg großflächig zur Entlaubung von Wäldern und zum Zerstören von Nutzpflanzen einsetzten, nicht zuletzt, um der feindlichen Guerillabewegung FNL („Vietcong") die Tarnung durch den dichten Dschungel zu erschweren und Nachschub wie auch Nahrungsversorgung zu stören. Es wurde von Flugzeugen oder Hubschraubern aus großflächig versprüht. Da das Herbizid den giftigsten Vertreter der Dioxine enthielt, erkrankten in Folge viele hunderttausend Bewohner der betroffenen Gebiete und ganze Regimenter von US-Soldaten. Die andauernde Belastung der vietnamesischen Bevölkerung mit Dioxin wird in Zusammenhang mit dem bis in die Gegenwart drastisch erhöhten Auftreten von schweren Fehlbildungen bei Kindern, Krebserkrankungen, Immunschwächen und einer größeren Zahl weiterer Krankheiten gebracht. 2002, also Jahrzehnte nach dem Angriff, litten nach Schätzungen des Roten Kreuzes noch etwa eine Million Vietnamesen an gesundheitlichen Schäden durch Spätfolgen von Agent Orange, darunter etwa 100.000 Kinder mit angeborenen Missbildungen. Während geschädigte ehemalige US-Soldaten nach gerichtlichen

Auseinandersetzungen von den damaligen Herstellerfirmen finanziell entschädigt wurden, erhielten vietnamesische Opfer bis heute nichts. Eine entsprechende Sammelklage in den USA wurde 2005 abgewiesen, da der Einsatz von Agent Orange „keine chemische Kriegsführung" und deshalb kein Verstoß gegen internationales Recht gewesen sei.

Agent Orange wurde unter anderem von den US-Firmen Dow Chemical und Monsanto hergestellt und geliefert. Wegen des enormen Bedarfs kam es bald zu Nachschubschwierigkeiten. Ausgangsprodukte für die Herstellung von Agent Orange produzierte auch die deutsche Firma Boehringer Ingelheim. Spärliche Proteste der Kirchen drangen kaum in die Öffentlichkeit.

In den jüngsten Kriegen hat die Automatisierung Fortschritte gemacht. Heute wirft man Streubomben und Landminen ab, die allerdings lediglich Gliedmaßen abreißen und vorwiegend spielende Kinder und Landarbeiter zu Krüppeln werden lassen. Über 600 verschiedene Minentypen sollen weltweit existieren.

Nachweislich wurden vor dem Verbot in 54 Ländern, darunter auch Deutschland, Antipersonenminen produziert. Laut einem offiziellen Bericht von 2010 reduzierte sich diese Zahl heute auf 12, darunter Burma/Myanmar, Pakistan, Russland, die USA und China. Ähnlich wie bei Landminen zeigen sich auch die Produzenten von Streumunition erfinderisch. In über 30 Ländern wurden bislang weit über 200 verschiedene Typen von Streumunition produziert. bis 2008 übrigens auch in Deutschland. Firmen wie Rheinmetall, EADS oder auch Diehl bzw. deren Tochterfirmen, waren an der Herstellung, Entwicklung und dem Export von Streumunition und Verlegesystemen beteiligt.

Ich entnehme diese Angaben dem Internet, das dabei von der Europäischen Union informiert und bestätigt wird. Und im Internet kann man sich auch über die Entwicklung und den Einsatz von

‚Drohnen' informieren. Das sind unbemannte Flugkörper, ferngesteuert einerseits zur militärischen Überwachung feindlicher Ziele, aber auch zum Abschuss von Raketen. Solche Drohnen und Raketen können Kriege vollends automatisieren und die Hemmschwelle gegen militärische Auseinandersetzungen noch weiter senken, denn sie bedeuten nichts anderes als Morden auf Knopfdruck aus sicherer Entfernung.

Amnesty International und Friedensbewegungen in aller Welt haben sich immer wieder entschieden gegen diese Entwicklung ausgesprochen, bislang ohne Erfolg. Es blieb bei Einzelinitiativen. Die offiziellen Kirchen schwiegen oder äußerten ihre Einwände so diskret, dass sie kaum jemand hören konnte. Lässt ihre enge Beziehung und damit ihre Abhängigkeit von den Staaten, in denen sie sich befinden, etwa keinen Protest zu? – Ein solches Arrangement erlaubt natürlich keinen Einspruch. Aber ist es nicht Christenpflicht, sich zu empören, wenn der Geist des Evangeliums, also die Friedensbotschaft Jesu, so offenkundig verletzt wird? Wo bleibt das „Schwert des Wortes"?

Jesus bringt nicht Frieden, sondern das Schwert, heißt es also bei Matthäus. Mit dem symbolischen Schwert sollen Fesseln der Abhängigkeit durchschnitten werden, faule, opportune Kompromisse auch der Kirche, allzu mächtige Bindungen, die die Nachfolge Christi behindern. Christsein bedeutet auch Auseinandersetzung, ist eine radikale Forderung nach Umkehr und Einkehr in sich selbst, nicht nur sonn- und feiertägliche ‚Andacht'.

In demokratischen Staaten gibt es eine dezidierte Trennung von Kirche und Staat, wenigstens in Verfassungen wie unserem Grundgesetz. Immerhin, der Staat zieht bei uns die Kirchensteuer ein, in vielen Gerichtssälen hängt der Gekreuzigte an der Wand, als würde hier in seinem Namen Recht gesprochen. Kaum jemand nimmt daran Anstoß, das aufrüttelnde Symbol ist nahezu gleichgültig geworden. Etwa auch der Kirche? – Sie hält sich gegenüber dieser

Profanierung zurück. Der Richter spricht sein Urteil jedoch nicht „im Namen Gottes", sondern „im Namen des Volkes". Kirche soll sich nicht in Politik einmischen, ist eine verbreitete Überzeugung, doch Jesu Wort vom ‚Schwert' zerschlägt jede fragwürdige Kumpanei, auch seiner Kirche.

Nach dem Krieg, während meiner Lazarettzeit, entdeckte ich in einer Buchhandlung ein schmales, unscheinbares Heft, mit Schreibmaschine geschrieben und auch so gedruckt. Es heißt „Hymnen an die Kirche", verfasst von der großen katholischen Lyrikerin Gertrud von Lefort. Es ist dünn, inzwischen vergilbt und unansehnlich, Spuren häufigen Gebrauchs sind zu erkennen. Der Titel des Bändchens ist irreführend. Das sind ja eigentlich keine ‚Hymnen', es ist keine Verherrlichung der Kirche, sondern ein Ringen um Glauben, eben auch meinen eigenen, das bis heute andauert. Jahrzehntelang hat mich dieses Heft begleitet und ist inzwischen ziemlich abgegriffen. Ein Gedicht aus Leforts Sammlung schildert Jesu „Schwert des Glaubens" in einer Weise, in der sich ein Christ wiederfinden kann. Hier ist es, wenn auch leicht verkürzt.

> *„Ich bin in das Gesetz deines Glaubens gefallen*
> *wie in ein nackendes Schwert.*
> *Mitten durch meinen Verstand ging seine Schärfe,*
> *mitten durch die Leuchte meiner Erkenntnis.*
> *Du hast meine Ufer weggerissen und hast*
> *Gewalt angetan der Erde zu meinen Füßen.*
> *Meine Schiffe treiben im Meer,*
> *alle meine Anker hast du gelichtet.*
> *Ich irre um meines Vaters Haus,*
> *ob ein Spalt ist, der dein fremdes Licht einlässt.*
> *Ich bin in das Gesetz deines Glaubens gefallen*
> *Wie in ein nackendes Schwert".*

Poesie, poetisches Pathos. Doch ist christlicher Glaube nicht auch jedem vorurteilsfreien, nüchternen Intellektuellen zugänglich, obgleich er selbst brillianten Verstand übersteigt? Dafür gibt es in der Geistesgeschichte hunderte von überzeugenden Vorbildern. Und dennoch bleibt der Glaube ein intellektuelles Wagnis, weil er allein auf Vertrauen gründet. Darum geht es Jesus, um unser Vertrauen.

VERTRAUEN ALS WAGNIS

Der Evangelist Johannes überliefert uns einen Satz von Jesus, der alle ‚Orthodoxie' in Frage stellt (Joh 14,2-3): „In meines Vaters Haus sind viele Wohnungen. Wenn's nicht so wäre, hätte ich dann zu euch gesagt: Ich gehe hin, euch die Stätte zu bereiten? Und wenn ich hingehe, euch die Stätte zu bereiten, will ich wiederkommen und euch zu mir nehmen, damit ihr seid, wo ich bin". Das ist eine messianische Verheißung, vielleicht die kühnste und bedeutsamste des gesamten Evangeliums. Daran scheiden sich die Geister. Ist Jesus denn wirklich der ‚Messias'? - Der große jüdische Religionsphilosoph Martin Buber meinte, „Nun, wir werden es wissen, wenn er wiederkommt"

Kann ein Mensch das Wohlwollen und damit den verlässlichen Schutz Gottes durch Gehorsam und Fleiß ertrotzen? – Im Gleichnis von den zwei Söhnen (Mt 21,28-32) sagt Jesus zu den Hohepriestern und Ältesten: „Die Zöllner und die Huren kommen vor euch in das Königtum Gottes. Denn Johannes kam zu euch auf dem Weg der Gerechtigkeit, doch geglaubt habt ihr ihm nicht. Die Zöllner und die Huren aber haben ihm geglaubt. Ihr habt es zu sehen bekommen und doch hat es euch nicht einmal hinterher gereut, so dass ihr ihm geglaubt hättet".

Jesus kümmerte sich sein kurzes Leben lang besonders um die Armen, die gesellschaftlich an den Rand Gedrängten, die Ausgesetzten und ‚Aussätzigen'. Er versteht wohl, was die Frommen und Schriftgelehrten als Sünde bezeichnen.

Aber Jesus verurteilt Menschen nicht, sondern fühlt sich empathisch in sie ein. Und dem folgt der Theologe und Psychotherapeut Eugen Drewermann. In seinem schon erwähnten Gleichnisbuch schreibt er: „Es ist am Ende wahr, dass uns nur eines zu Gott führt: Das Mitleid, das Erbarmen, die grenzenlose Offenheit, verstehen zu wollen und die endgültige Weigerung, irgendetwas auf Erden zu verurteilen. Denn dies ist ganz sicher: Solange wir glauben, wir könnten etwas verurteilen, haben wir uns bloß noch nicht Mühe genug gegeben, es wirklich zu begreifen".

Das klingt wie eine Provokation. Müssen denn nicht Terroristen, Mörder, Verbrecher, Betrüger, Diktatoren und Wirtschaftsverbrecher bestraft werden? – Ganz gewiss muss das sein, aber es ist allein Aufgabe der Justiz. Doch in jedem demokratischen Gerichtsverfahren geht es nicht nur um die Tat, sondern auch um die Persönlichkeit des Täters, also um seine Biographie und die Motive seines Verbrechens. Wenn das schon die Justiz zu leisten versucht, wieso nicht ein Christ? Nein, nicht verharmlosende Entschuldigung ist gefordert, sondern Verständnis, dass Menschen durch missglückte Biographie, in Selbstüberschätzung und durch verzweifelte Irrtümer in Unmoral und Kriminalität abgleiten können.

Schon im zweiten vorchristlichen Jahrhundert sagte der berühmte römische Komödienschreiber Terenzius: „"Homo sum, humani nil a me alienum puto – Ich bin ein Mensch, nichts Menschliches erscheint mir fremd." Und das sollte auch die Maxime eines Christen und jeder Psychotherapie sein: Niemals selbst zu verurteilen, sondern sich mit einfühlsamem Verständnis um Menschen zu bemühen nach dem Beispiel des größten Psychotherapeuten der Menschheit, Jesus Christus.

Die zweitausend Jahre alten Erzählungen haben überaus aktuelle Bedeutung, man muss sie nur für sich entdecken. So etwa in der wahrscheinlich manche Menschen provozierenden Geschichte von Martha und Maria (Lk 10,38-42). Jesus kommt nach einer Wanderung müde in ein Dorf und braucht ein Quartier. Eine Frau namens Martha nimmt ihn auf und macht sich sofort geschäftig an die Zubereitung einer Mahlzeit für den Gast. Ihre Schwester Maria aber „setzte sich dem Herrn zu Füßen und hörte seinen Worten zu". Wir lesen: „Martha war ganz davon in Anspruch genommen, für ihn zu sorgen. Sie kam zu ihm und sagte: ‚Herr, kümmert es dich nicht, dass meine Schwester die ganze Arbeit mir allein überlässt? Sag ihr doch, sie soll mir helfen!' - Der Herr antwortete: ‚Martha, Martha, du machst dir viele Sorgen und Mühen. Aber nur eines ist notwendig. Maria hat das Bessere gewählt, das soll ihr nicht genommen werden!'"

Ich denke an das jährliche Weihnachtsfest. Viele Familien mit Kindern und erwartungsvollen Enkeln versammeln sich um einen geschmückten Weihnachtsbaum, erwarten einen festlich arrangierten Tisch und natürlich Geschenke, manche im vorweihnachtlichen Trubel erstanden, andere per Online besorgt. Auf dem Boden häuft sich alsbald ein Berg von buntem Verpackungspapier, im Hintergrund, wegen des Stimmenlärms kaum wahrnehmbar, erklingen aus dem Lautsprecher ein paar Weihnachtslieder. Eine Verlesung der Geburtsgeschichte Jesu würde wohl nur stören. So war und ist es auch bei uns. Gegen 22 Uhr verabschiede ich mich mit meiner Frau, um die Weihnachtsmette zu besuchen. Nein, es gibt darüber keine kritischen Bemerkungen der Verwandtschaft, aber mir entgeht nicht ihre kaum kaschierte Verwunderung über die sentimental-konservativen Alten.

Ist das etwa nur in meiner Familie so? Weihnachten, ‚Glanz von Christbaumkugeln in Kinderaugen'? - Wochenlang schon standen kostümierte Weihnachtsmänner vor und in den Kaufhäusern, Werbung überschwemmte uns mit angeblich preiswerten Geschenkangeboten, das Fernsehen unterhält mit kitschig arrangierten Christmas-Songs. Bestürzende demoskopische Umfragen offenbaren, dass junge, aber auch nicht wenige ältere Menschen keine rechte Antwort auf die Frage nach dem Sinn des Weihnachtsfestes wissen. „Es geht um die Auferstehung Christi", erfährt man, „das letzte Abendmahl wird gefeiert", „ein Familienfest wie Opas Geburtstag", oder einfach „Ich weiß es nicht". Ein Zyniker meint, „man feiert die uneheliche Geburt Jesu". Als der Heilige Abend auf einen Montag fiel, sagte ein Kind beklommen zu seiner

Mutter: „Dann ist ja der Vater fünf Tage lang dauernd bei uns daheim! Von Samstag bis Mittwoch! Mein Gott, das macht mir Angst!"

Ich habe Verständnis für Menschen, die mit einem christlichen Fest wie Weihnachten, Ostern oder auch Pfingsten nichts mehr verbindet. Inmitten einer weitgehend säkularisierten Konsumgesellschaft ist das nicht erstaunlich.

Aber bedeutet das – auch und gerade in christlich geprägten Ländern - nicht den Verlust einer metaphysischen Dimension des Menschen?

Doch noch einmal zurück zur Geschichte von Martha und Maria. Martha bemüht sich um das Wohlbefinden des Gastes, während Maria ‚müßig' zu seinen Füßen sitzt. Beschwert sich Martha nicht zu Recht? Nun ist das Wort „müßig" in unserem Sprachgebrauch in die Nähe von „faul" geraten. Müßigkeit hat aber mit Muße zu tun, und das ist erfüllte Freizeit. Genau das meint das griechische Wort für Muße, nämlich ‚skolé'. Es bedeutet Rast, Ruhe, Friede, nach antikem Verständnis auch Zeit für gute Gespräche und Gedankenaustausch. Aus dem Begriff ‚skolé' haben die Römer die ‚schola' mit der frontalen Vermittlung von Lernstoff gemacht. Und so entstand unsere ‚Schule', die vorwiegend Wissen für spätere berufliche Qualifikation vermittelt und, wie häufig kritisiert, sich zu wenig um umfassende Bildung bemüht. Muße ist Zeit der Erholung, der Reflektion, des Gesprächs, der Besinnung. Die häufige Antwort: „Dafür habe ich keine Zeit", heißt ja eigentlich: „Dafür nehme ich mir keine Zeit", weil anderes wichtiger erscheint.

In der biblischen Erzählung nimmt sich Maria diese Zeit zum Gespräch mit dem Gast Jesus. Marthas Tadel scheint gerechtfertigt, denn sie sorgt sich geschäftig um die Bewirtung des Gastes. Doch wieso hat nach Meinung Jesu Maria „den besseren Teil erwählt"? – Ist bei einer Einladung nicht wirklich auch der äußere Aufwand für

Gäste wichtig? Im Glücksfall bietet er eine angenehme Atmosphäre für das Gespräch. Und das ist doch der eigentliche Sinn des Zusammenseins.

„Der Mensch lebt nicht vom Brot allein", heißt es in der Bibel. Doch schauen wir genauer hin, nämlich auf den Bericht von Matthäus 4, 1-11. Es geht um die ‚Versuchung' Jesu in der Wüste. Er hatte vierzig Tage gefastet, und bekam Hunger. Der ‚Teufel' forderte Jesus heraus: „Bist du Gottes Sohn, so sprich, dass diese Steine Brot werden!". Jesus antwortete: „Es steht geschrieben: Der Mensch lebt nicht vom Brot allein, sondern von jedem Wort, das aus dem Mund Gottes kommt". Aber wo steht das eigentlich geschrieben, worauf bezieht sich Jesus? Natürlich auf das sog. Alte Testament, auf die Torah, das Buch Deuteronomium (Dtn 8, 3). Gott hatte sein Volk vierzig Jahre durch die Wüste geführt, das Volk hungerte und litt. Und Moses sagt: „Durch Hunger hat er dich gefügig gemacht und hat dich mit Manna gespeist, das du nicht kanntest. Er wollte dich erkennen lassen, dass der Mensch nicht nur von Brot lebt, sondern von allem, was der Mund des Herrn spricht"..

Das allbekannte ‚Vater unser', dessen Text Jesus selbst zugeschrieben wird, enthält die Bitte um „unser tägliches Brot" erst an vierter Stelle. Der Inhalt stammt ebenfalls aus dem Deuteronomium (Dtn 5, 11-22), es ist die Verkündigung des Mose am Berg Horeb. Die Texte bezeugen zunächst wieder einmal, dass Jesus die Torah, das heilige Buch der Juden, genau kannte. Doch ist mit dem ‚täglichen Brot' wirklich nur unsere ausreichende Ernährung gemeint? Ganz sicher bezieht sich das Wort auch auf unser Auskommen, unseren Überlebensbedarf, also Wohnung, zureichende Nahrung, Kleidung, sozial gesicherte Verhältnisse, all das, was Politiker heute mit ihrer Forderung meinen, Löhne und Gehälter müssten für jeden ausreichen, um sein ‚Brot verdienen' und davon leben zu können. Möglichst viele Menschen sollten in ‚Lohn und Brot' stehen. Brot ist hier eine Metapher, wie man leicht erkennt, es steht im weitesten Sinn für ‚Einkommen'. Natürlich leben wir alle von Löhnen und Gehältern, von Renten und Pensionen, Kapitalerträgen und Erbschaften. Viele Menschen sind leider immer noch und zunehmend auf Sozialhilfen des Staates angewiesen, und nicht wenige leben in geradezu ausweglosem Elend. Was meinen also Moses und Jesus mit den Worten, der Mensch lebe nicht vom Brot allein? – Es geht eben nicht ausschließlich um Geld, das angeblich glücklich macht. Sind denn alle Wohlhabenden glücklich? Es geht um die Gewinnung von Mitmenschlichkeit, die Entdeckung von Lebenssinn außerhalb und oberhalb des Einkommens, es ist nichts weniger als Absage an puren, stumpfsinnigen Materialismus und Kapitalismus. In ihr steckt die biblische Forderung auch an heutige Sozialpolitik, nämlich nicht nur das Überleben notleidender, in Bedrängnis geratener Menschen zu sichern, sondern ihre Würde.

Die evangelische Theologin Dorothee Sölle schrieb das Buch „Die Hinreise". Das erste Kapitel trägt den provokanten Titel „Der Tod am Brot allein". Man liest: „Wenn das Interesse, dem alles andere untergeordnet wird, die Erhöhung des Profits ist, so zerfallen alle anderen Lebensinteressen zu Belanglosigkeiten. Das Leben ist ein großer Supermarkt, man kann alles haben, aber es gibt keine Begründungen mehr, sich für bestimmte Dinge besonders zu interessieren. Wenn man zu allem im Verhältnis des Kaufens steht, dann gehen alle Beziehungen nur so weit, wie sie zu käuflichen Dingen gehen können. Heute erfahren viele die Welt als einen Supermarkt: Konzentriert und geistig abwesend zugleich schieben sie ihre Wagen durch die Gänge, der Tod der Beziehungslosigkeit beherrscht die Szene. Die Welt ist ein Supermarkt und eine Fabrik. Vom Brot allein und fürs Brot allein, daran sterben wir den täglichen schrecklichen Tod".

Viele Familien geraten in Panik, wenn abends der Fernseher ausfällt; was soll man auch sonst miteinander anfangen? – Kinder bekommen hysterische Anfälle, falls ihre Handies, iPads und Smartphones etc. nicht Tag und Nacht funktionieren, denn vor allem damit verbindet sich ihr Verständnis von ‚Kommunikation'. Das

Internet geriet zur Büchse der Pandora. Diese Büchse ist in der griechischen Mythologie eine Beigabe des Zeus an Pandora, der ersten Frau, von Hephaistos aus Lehm geschaffen. Die göttlich strenge Anweisung lautete, diese Büchse auf keinen Fall zu öffnen. Doch die Neugier überwältigte Pandora, sie machte die Büchse auf, und sogleich entwichen ihr alle Laster und Untugenden, das Schlechte eroberte die Welt. Gehört nicht auch die Überzahl platter, stumpfsinniger, phantasieloser Fernsehprogramme dazu?

Man mag es als erzkonservativ empfinden und völlig abwegig, wenn diese verhängnisvolle ‚Büchse' mit den Angeboten von Fernsehen und Internet verglichen wird. Doch Umfragen bestätigen, dass sich zahllose Menschen täglich stundenlang durch belanglose TV-Programme zappen und andere ‚googelnd' oder über Facebook ‚kommunizierend' durchs Internet kutschieren. Es geht um ‚Ablenkung', um ‚Zeitvertreib', ‚Zerstreuung' und ‚Entspannung', bis man schließlich mürbe und erschöpft ins Bett fällt. Früher erfuhr man, wenigstens auf dem Gymnasium, dass die Büchse der Pandora auch Hoffnung enthält, und sie versteckt sich tatsächlich in den reichhaltigen Angeboten moderner Medien, man muss sie nur für sich entdecken. Das aber setzt Muße voraus, persönlichen Bildungsanspruch und die Fähigkeit zur Konzentration.

Doch wieder zurück zu Maria und Martha. Gastfreundschaft war für die alten Wüstenvölker der Hebräer und Araber ein überlebenswichtiges, heiliges Gebot und ist es bis heute. Man findet es auch in den berühmten Regeln des Hl. Benedikt: „Hospis venit - Christus venit!" Sinngemäß: Wenn ein Gast kommt, so kommt gleichsam Christus. Doch Gastfreundschaft ist mehr als Bewirtung, ist freundliche Zuwendung, Respekt, spürbares Interesse, erkennbares Vergnügen an der Begegnung mit dem Gast. Erlebt man nicht zuweilen Parties mit perfektem kulinarischen Angebot, die aber in Geschwätz und Langeweile versickern? Warum konnte Martha dem fremden Gast nicht erst einmal zuhören? Wäre danach nicht genügend Zeit gewesen, gemeinsam das Essen herzurichten? Wieso traute sie Jesus nicht zu, er könne selbst ein paar Scheiben Hammelfleisch braten? - Weil sie sich nichts zutraute. Durfte denn sie, eine einfache Frau vom Land, unbefangen einem so berühmten Mann gegenüber treten, der Wunder wirkte, Kranke heilte, Tote zum Leben erweckte? Würde er das nicht als Zumutung, ja als Beleidigung empfinden? Was könnte sie ihm schon sagen, worüber sollte sie mit diesem offenkundig Schriftgelehrten schon sprechen?

Wann vertraut man sich einem anderen Menschen an? Die Antwort hat zwei Aspekte. Ich möchte gewiss sein, dass der Andere auch vertrauenswürdig ist, also mein Vertrauen nicht missbraucht. Doch eben das weiß ich nicht, man kann Unverständnis oder Interesselosigkeit zumindest nicht ausschließen. Und deshalb brauche ich zusätzlich Selbstvertrauen für den Fall, dass ich missverstanden, enttäuscht oder gar zurückgewiesen werde. Ich muss und kann das dann hinnehmen.

Wie steht es mit der Ehe als ‚Lebensbund‘? Bei Matthäus 19,6 ist zu lesen: „Was Gott verbunden hat, soll ein Mensch nicht scheiden“. Bei einer christlichen Eheschließung ist die aufrichtige Absicht lebenslanger Partnerschaft gefordert, Braut und Bräutigam bestätigen das vor dem Priester, denn es ist beiderseitiger Wille und auch ein vertrauensvolles Versprechen. Zwei Menschen schließen den ‚Bund fürs Leben‘, aber sie könnten sich geirrt haben. Vielleicht hat ja nicht Gott sie verbunden, wie die offizielle Kirche gutgläubig und naiv bis heute unterstellt, sondern beide haben ihre Liebe überschätzt. Wenn eine Ehe zerbricht, mag das sehr schmerzlich sein, aber es ist menschlich wie jede Enttäuschung.

Die Eheschließung ist zunächst ein Wagnis mit ungewissem Ausgang, doch sie gründet auf gegenseitigem Vertrauen. Wie aber lässt sich eine menschliche Beziehung zu Gott verstehen? Sie beruht wie Ehe und tiefe Freundschaft ebenfalls auf Vertrauen und Glauben. Glauben heißt im Hebräischen ‚aman‘ und bedeutet wie unser ‚Amen‘ am Ende eines Gebets: „So ist es, nämlich wahr und gewiss“.

Das bezieht sich aber nicht nur auf den verlässlichen Glauben des Beters, sondern auf die Verlässlichkeit des Partners, auf Gott. Bei Johannes 5,24 steht: „Wahrlich, wahrlich ich sage euch, wer mein Wort hört und dem glaubt, der mich gesandt hat, der hat das ewige Leben und kommt nicht ins Gericht, sondern ist schon vom Tod zum Leben übergegangen".

Im alten Israel waren solche Versprechungen glaubhaft, denn das Volk hatte ja Erfahrungen mit der Verlässlichkeit Jahwes gemacht, vor allem und über allem mit der Befreiung aus der ägyptischen Gefangenschaft. Im Alten Testament erschließt sich die Verlässlichkeit Jahwes aus seinem zuverlässigen Handeln. So mahnt Jesaja (40, 28-31): „Weißt du es nicht, hörst du es nicht? Der Herr ist ein ewiger Gott, der die weite Erde erschuf. Er wird nicht müde und matt, unergründlich ist seine Einsicht. Er gibt dem Müden Kraft, dem Kraftlosen verleiht er große Stärke. Die Jungen werden müde und matt, junge Männer stolpern und stürzen. Die aber, die dem Herrn vertrauen, schöpfen neue Kraft, sie bekommen Flügel wie Adler. Sie laufen und werden nicht müde, sie gehen und werden nicht matt".

Erwähnen wir es noch einmal: Die staunenswerten Erkenntnisse der Naturwissenschaften, besonders der Biologie, Zoologie, der Astronomie und Hirnforschung münden letztlich in fassungsloses Staunen. Ich hatte mehrfach Gelegenheit, mit dem Psychiater, Neurologen und Verfasser zahlreicher und weit verbreiteter naturwissenschaftlicher Bücher, Professor Hoimar von Ditfurth, zu sprechen. Ich zitiere aus „Wir sind nicht von dieser Welt – Naturwissenschaft, Religion und die Zukunft des Menschen": „Während des Mittelalters wurde in unserem Kulturkreis in einer gewaltigen Anstrengung der Versuch unternommen, die Existenz Gottes und die Realität einer jenseitigen Wirklichkeit ein für allemal zu beweisen. Das Resultat bestand in der Erkenntnis, dass das grundsätzlich unmöglich ist. Daraufhin trat die Wissenschaft auf den Plan. Da der Mensch zu Extremen neigt und dazu, nach eindeutigen, exklusiven Lösungen zu suchen, galten die folgenden Jahrhunderte dem Versuch, Gott und das Jenseits zu widerlegen, dem Versuch, den Nachweis zu führen, dass Natur und Diesseits auch ohne die ‚Hypothese Gott' funktionieren und dass sie für unseren Verstand durchschaubar sind. Das Ergebnis war die Einsicht, dass auch das unmöglich ist".

Nein, nicht die Wissenschaften führen zu Gott, sondern das Staunen über die ‚Wunder' der Evolution. Der Anfang unseres Universums soll der ‚Urknall' gewesen sein. Der ‚Urknall' bezeichnet keine Explosion in einem bestehenden Raum, sondern die gemeinsame Entstehung von Materie, Raum und Zeit aus einer ursprünglichen ‚Singularität'. Legt das nicht den biblischen Begriff ‚Schöpfung' nahe? - Seit 13,75 Milliarden Jahren breitet sich unser Kosmos aus, nicht mit sich verlangsamender, sondern mit gesteigerter Geschwindigkeit – doch wohin eigentlich? - Das gilt für das uns bekannte Universum. Niemand kann sagen, ob es nicht ‚außerhalb' gleichzeitig andere Universen gibt. Der uns heute bekannte Weltraum scheint eher unwirtlich, also lebensfeindlich zu sein, obwohl es mit großer Wahrscheinlichkeit auch in fernen Systemen andere als die uns bekannten Lebensformen geben mag. Das alles ist kaum vorstellbar, übersteigt jegliches Begriffsvermögen, mit dem wir Menschen ausgestattet sind. Diese zwingende Erkenntnis führt nicht von selbst zu einer religiösen Überzeugung, macht sie aber möglich.

Der Naturwissenschaftler Hoimar von Ditfurth schließt sein fesselndes Buch mit folgenden Sätzen: „Nicht die Philosophie, nicht die klassische Erkenntnistheorie, die Evolution erst zwingt uns zur Anerkennung einer den Erkenntnishorizont unserer Entwicklungsstufe unermesslich übersteigenden ‚weltimmanenten Tranzendenz'. Diese ist keineswegs etwa schon identisch mit dem Jenseits der Theologen. Ihre Entdeckung aber bewirkt so etwas wie eine Öffnung unserer bisher gegen jede ernst zu nehmende derartige Möglichkeit so erbarmungslos geschlossen wirkende Welt. Eine

Öffnung, hinter der eine ontologische Stufenleiter immer vollendeter entwickelter Erkenntnisebenen sichtbar wird, als deren letzte wir uns dann, ohne dass uns jemand widersprechen könnte, auch jenen ‚Himmel' denken dürfen, in dem nach religiösem Verständnis der Schlüssel liegt zum Sinn unserer unvollkommenen Welt".

Sicher ist, dass wir auf einem im kosmischen Maßstab völlig bedeutungslosen Brocken Sternenstaub leben. Aber dieses Leben scheint unendlich bewundernswert in seiner unermesslichen Vielfalt vom Einzeller über den unfassbaren Formenreichtum der Pflanzen- und Tierwelt bis zum hoch differenzierten ‚homo sapiens'. Selbst der große Vernunftmensch Immanuel Kant geriet ins Staunen, wie er es in seiner „Kritik der Urteilskraft" beschreibt: „Zwei Dinge erfüllen das Gemüt mit immer neuer und zunehmender Bewunderung und Ehrfurcht, je öfter und anhaltender sich das Nachdenken damit beschäftigt: der bestirnte Himmel über mir und das moralische Gesetz in mir. Der erstere Anblick einer zahllosen Weltenmenge vernichtet gleichsam meine Wichtigkeit als eines tierischen Geschöpfs, das die Materie, daraus es ward, dem Planeten (einem bloßen Punkt im Weltall) wieder zurückgeben muß, nachdem es eine kurze Zeit (man weiß nicht wie) mit Lebenskraft versehen gewesen. Der zweite erhebt dagegen meinen Wert als einer Intelligenz unendlich durch meine Persönlichkeit, in welcher das moralische Gesetz mir ein von der Tierheit und selbst von der ganzen Sinnenwelt unabhängiges Leben offenbart".

Die Religionen der Welt brachten bewundernswerte Kulturleistungen in Architektur, Skulptur, Malerei und Literatur hervor. Doch das ist nur ein kleiner Teil der riesigen Wunderwelt der Kunst. Kein anderes Medium öffnet so leicht den Zugang zu unserem tiefsten Inneren wie die Musik. Da ist das Genie Johann Sebastian Bach, von dem Beethoven einmal sagte: "Nicht Bach, sondern Meer sollte er heißen wegen seines unendlichen, unerschöpflichen Reichtums an Tonkombinationen und Harmonien." Die großen Passionen, Requiems und Messen von Bach, Mozart,

Beethoven, Verdi oder Schubert können ein Tor zur ‚Transzendenz‘ öffnen.

Eine meiner Vorlieben gilt Opern, nicht zuletzt, weil nirgendwo sonst herrlicher gestorben wird. In der „Bohème" singt die todkranke, schwindsüchtige Mimi noch kurz vor ihrem irdischen Ende hinreißend und ohne erkennbare Atemprobleme in der überwältigenden Abschiedsszene. Die tödlich getroffene Gilda stirbt wundersam singend in den Armen ihres Vaters Rigoletto. Othello, der ‚Mohr von Venedig‘, tötet aus blinder Eifersucht und verhängnisvollem Irrtum seine angebetete Desdemona. Verzweifelt bittet er noch an ihrem Sterbebett singend um einen Kuss: „Un bacio – ancor‘ un‘ bacio!", bevor er sich selbst umbringt. Aida und ihr geliebter Radames werden zur Strafe eingemauert, doch Verdi lässt sie das mit einem himmlischen Duett geradezu genießen. Die betrogene Butterfly begeht am Ende der Oper singend Harakiri. Nein, es gibt kein schöneres Sterben als das in der Oper, und nirgendwo sonst wird intensiver geliebt. Mit besonderer Zuneigung höre ich einige Werken von Richard Strauß, darunter den himmlischen „Rosenkavalier". Welch musikalischer Rausch bei der Überreichung der silbernen Rose! Und am Ende, welch ein bewegendes Liebesduett von Octavian und Sophie: „Ist ein Traum, kann nicht wirklich sein, dass wir zwei beieinander sein!" – ein Sieg der Jugend, ausgerechnet in Gegenwart der resignierten Marschallin, die nun ihren jungen Geliebten verloren hat! – Ein ‚unmögliches Kunstwerk‘, wie Oskar Bie sein großartiges Buch über die Oper beginnt? – In nahezu allen Opern geht es um Menschliches, um Liebe, Liebesentzug und Liebesverlust, um Eifersucht, Macht, um Gier nach Leben und Angst vor Sterben, freilich musikalisch vertieft oder überhöht, spürbar nicht so sehr für den Intellekt, wohl aber für unser Herz. Es ist, als ob gerade Musik das Tor zur Transzendenz öffnet.

So verhält es sich auch mit großer Literatur und Lyrik. Menschliche Grenzsituationen werden beschrieben, in denen wir uns zuweilen wiedererkennen in Gefühlen wie Ausweglosigkeit,

Versuchung und Hoffnung. Ein kleines Beispiel nur, herausgegriffen aus dem Kosmos Rilkescher Lyrik:

Herbst

„ Die Blätter fallen, fallen wie von weit,
als welkten in den Himmeln ferne Gärten;
sie fallen mit verneinender Gebärde.
Und in den Nächten fällt die schwere Erde
aus allen Sternen in die Einsamkeit.
Wir alle fallen. Diese Hand da fällt.
Und sieh dir andre an: es ist in allen.
Und doch ist Einer, welcher dieses Fallen
unendlich sanft in seinen Händen hält. "

Dazu Worte aus dem Psalm 62: „Nur auf Gott vertraue still meine Seele! Denn von ihm kommt meine Erwartung. Nur er ist mein Fels und meine Rettung, meine hohe Feste; ich werde nicht viel wanken".

Ist der Glaube an Gott ein ‚sacrificium intellectus‘, setzt er tatsächlich ein ‚Opfer des Verstandes‘ voraus? Muss eigenes Denken etwa dem Machtanspruch einer kirchlichen Glaubensautorität nachstehen? - Selbstverständlich kann sich jeder Mensch, auch und gerade der Intellektuelle, dem religiösen Glauben entziehen oder widersetzen. Aber doch kaum dem Wunder dieser Welt, die Christen ‚Schöpfung‘ nennen: Wunder der Natur, des Pflanzen- und Tierreichs, schließlich dem Wunder des menschlichen Körpers, seines Gehirns aus Milliarden von Nervensträngen und Synapsen, seiner erstaunlichen Schöpfungskraft in Wissenschaft und Kunst – doch eben auch nicht dem Schrecken vor seiner schier unendlichen Fähigkeit zur Destruktion.

Die beeindruckenden Erfolge moderner Hirnforschung scheinen zu beweisen, dass alle unsere Gefühle, Gedanken und schöpferischen Produktionen an die Funktion dieses kompliziertesten Organs unseres Körpers gebunden sind. Für die Medizin gibt der im EEG nachweisbare Hirntod die letzte Gewissheit über das Ableben eines Menschen, er ist eben gestorben. Ohne Zweifel gilt das für unseren Körper, der wie alles Organische zerfällt. Aber was ist mit dem, was in nahezu allen Kulturen auf unserer Erde als ‚Seele‘ bezeichnet wird? – Die Naturwissenschaft kann darüber keine verbindliche Aussage machen. Doch wieso berührt uns Musik, deren Schöpfer längst tot sind, was löst überhaupt unser Staunen über ein Kunstwerk aus, das Interesse und die innere Bewegtheit bei der Lektüre eines Werks der Literatur? – Vollzieht sich hier nicht eine geistig-seelische Kommunikation zwischen Menschen über Jahrzehnte, selbst über Jahrhunderte hinweg? – Niemand wird das ernsthaft bestreiten können. Die großen Schöpfungen der Kunst, der Wissenschaft, der Philosophie haben die Zeiten ihrer Entstehung ‚überlebt‘, und damit verbindet sich die Frage, was darunter zu verstehen ist. Die Genesis (2,7) sagt: „Da formte Gott, der Herr, den Menschen aus Erde vom Ackerboden und blies in seine Nase den Lebensatem“. Man kann das als eine Metapher verstehen, aber es bleibt offen, was nach unserem letzten Atemzug geschieht.

Vergessen wir nicht, dass unser Erkenntnisvermögen beschränkt ist. Die menschlichen Denkstrukturen und Anschauungsformen sind den Lebensbedingungen auf unserem Planeten bestens angepasst, sie sind uns vor aller Erfahrung angeboren, also ‚a priori‘, wie Immanuel Kant es formulierte. Anders als dreidimensional können wir uns den Raum nicht vorstellen, außerdem haben wir einen konkreten Begriff vom Ablauf der Zeit. Das reicht völlig aus, um uns auf der Erde einzurichten. Nur hat das alles mit der ‚objektiven‘ Realität nichts zu tun. Die Astrophysik behauptet, dass wir in einem gekrümmten Raum-Zeit-Kontinuum leben, das sich trotz wissenschaftlich überzeugender Beweise allerdings niemand vorstellen kann. Und wie schon erwähnt: Raum und Zeit sind keine ewigen Konstanten, sondern erst mit dem ‚Urknall‘ (‚Big bang‘) entstanden. Das ist ein Verlegenheitsbegriff, denn es handelt sich um keine Explosion in einem bestehenden Raum. Der gesamte Kosmos entwickelte sich offenbar aus einem subatomaren Gebilde von unvorstellbarer Dichte und dehnt sich seither ins Unermessliche aus.

Das ist eine recht laienhafte Beschreibung des unbegreiflichen Ereignisses. Eine Minderheit höchst qualifizierter, ja genialer Physiker und Astrophysiker hat das alles herausgefunden und verschweigt nicht, dass die ‚allgemeine Relativitätstheorie' bis heute nicht mit den Theorien der ‚Quantenphysik' vereinbar ist. Große Namen sind zu nennen: u.a. Max Planck, Niels Bohr, Werner Heisenberg, deren Erkenntnisse und Hypothesen dem normal Gebildeten ziemlich unverständlich bleiben. Aber es gibt ein versöhnliches Geständnis des großen Albert Einstein: "Meine Religiosität besteht in einer demütigen Bewunderung des unendlich überlegenen Geistes, der sich in dem wenigen offenbart, was wir mit unserer schwachen und hinfälligen Vernunft von der Wirklichkeit zu erkennen vermögen. Jene mit tiefem Gefühl verbundene Überzeugung von einer überlegenen Vernunft, die sich in der erfahrbaren Welt offenbart, bildet meinen Gottesbegriff; man kann ihn also in der üblichen Ausdrucksweise als 'pantheistisch' (Spinoza) bezeichnen."

Könnte es nicht sein, dass sich hier der eigentliche Sinn des biblischen Berichts von den beiden Bäumen im Paradies erschließt? Adam und Eva, das heißt uns, allen Menschen, wird der ‚Baum des Lebens' empfohlen, und zum Leben auf unserem wunderbaren Planeten sind wir bestens angepasst, um ihn zu „bebauen und zu hüten" (Gen 2,15), nicht aber um ihn auszubeuten und zu vernichten. Der ‚Baum der Erkenntnis' jedoch, ein Wissen um die letzten Dinge, bleibt uns versagt, es ist nach der Bibel Gott, dem Schöpfer aller Dinge, vorbehalten. Das meint auch Platon in seinem Höhlengleichnis: Wir sehen in unseren Köpfen nur Abbilder der Welt, nicht die Welt an sich und ihren Sinn.

Wir könnten uns der wunderbaren Mitgift der Vernunft erfreuen, die prinzipiell durchaus geeignet ist, mit der Erde als unserer Existenzgrundlage verantwortungsvoll, also pfleglich umzugehen und trotz aller Verschiedenheiten der Völker und Kulturen friedlich miteinander zu leben. Doch wir sind auch mit der Gabe der Freiheit ausgestattet, die uns ermächtigt, uns aller Vernunft zu widersetzen. Mit Respekt und voller Bewunderung für die große europäische Aufklärung: Sie reicht zur Sinnvermittlung und der Überwindung unserer Anlage zur Destruktivität offenbar nicht aus, wie die Menschheitsgeschichte beweist. Das Kreuz ist ein bedenkenswertes Symbol. Der Querbalken umspannt die gesamte Erde, der senkrechte Balken ist fest im irdischen Boden gegründet, weist aber in eine höhere Dimension.

Glaube ist ein sinnvolles Wagnis, bei vielen Menschen immer wieder gefährdet durch Resignation und bedroht von quälenden Zweifeln, falls man sich nicht überhaupt davon dispensiert. Doch Glaube kann ein zuversichtlicher Weg zu tiefem persönlichen Glück in Geborgenheit sein, auch in der Hoffnung auf den schließlichen Übergang in eine andere Existenzform – zu Gott? – Niemand weiß es genau, aber es bedeutet eine wunderbare Erwartung.

KLEINE LITERATURAUSWAHL (U.A.):

Die Bibel – ökumenischer Text

Für Sprachkundige: Novum Testamentum graece et latine

Bergoglio (Papst Franziskus), El verdadero poder es el servicio

Bergoglio (Papst Franziskus), Sobre el cielo es la tierra

Blank, Der Jesus der Evangelien

Boff, Kirche – Macht und Charisma

Boff, Die Erde ist uns anvertraut. . .

Ditfurth, Wir sind nicht von dieser Welt

Dostojewskij, Die Brüder Karamasow

Drewermann, Kleriker, Psychogramm eines Ideals

Drewermann, Wenn der Himmel die Erde berührt. . .

Feuerbach, Das Wesen des Christentums

Freud, Studienausgabe, Bd. IX: Ursprung der Religion

Fromm, Psychoanalyse und Religion

Hasenhüttl, Freiheit in Fesseln

Küng, Christ sein

Küng, Existiert Gott?

Küng, Projekt Weltethos

Lapide, Ist die Bibel richtig übersetzt?

Lapide, Paulus – Fehldeutungen und Übersetzungsfehler

Pascal, Gedanken (Pensées)

Ratzinger, Einführung in das Christentum

Ratzinger, Salz der Erde

Sölle, Die Hinreise

Zum Autor

Heinrich Kalbfuss studierte in Bonn und Saarbrücken Religionswissenschaft, Philosophie und Psychologie. Er war langjähriger Mitarbeiter verschiedener Rundfunk- und Fernsehanstalten und produzierte zahlreiche Hörfunksendungen sowie Fernsehreportagen vor allem aus Osteuropa und Lateinamerika.
Nach analytisch orientierter psychotherapeutischer Weiterbildung eröffnete er eine Praxis in Saarbrücken mit Spezialisierung auf Psychosomatik.

Mehrere Buchveröffentlichungen, darunter:

„Lebenskonflikte in der Leistungsgesellschaft" (Herder)

„Anleitung zum Glücklichsein (Europa)

„Bluffologie" (Langen Müller/Europa)

„Miteinander-Gegeneinander" (Beltz)

„Von Gott und der Welt", – zwei Vortragsbände, VHS Saarbrücken

„Eros der späten Jahre" (BoD)

„Hagenuk oder die Suche nach Glück" (BoD)

Herstellung und Verlag
BoD-Books on Demand, Norderstedt
ISBN: 978-3-7322-3990-0